LOUISE GAGNON

PHOTOGRAPHIES DE DOMINIQUE LAFOND

Design graphique de l'Atelier Chinotto

SOUS LE CHARME DES COURGES ET DES CITROUILLES

75 recettes irrésistibles pour découvrir leurs savoureuses personnalités

LES ÉDITIONS DE L'HOMME

Une compagnie de Quebecor Media

Design graphique : Atelier Chinotto
Infographie : Atelier Chinotto, en collaboration avec Pierre-Antoine Robitaille

Photos : Dominique Lafond (www.dominiquelafond.com)
Photo p. 71 : gaglou
Photo p. 208 : Omer Gagnon
Détourage : Alain Cusson
Maquillage (portrait de Louise Gagnon) : Florence Morissette
Styliste culinaire et accessoiriste : Louise Gagnon
Prêt d'accessoires : Les Touilleurs / 3 Femmes & 1 coussin / Hugo Didier céramiste

Illustrations : Isabelle Arsenault

Révision : Odette Lord
Correction : Sylvie Tremblay

Gouvernement du Québec — Programme de crédit d'impôt pour l'édition de livres — Gestion SODEC — www.sodec.gouv.qc.ca

L'Éditeur bénéficie du soutien de la Société de développement des entreprises culturelles du Québec pour son programme d'édition.

Le Conseil des Arts du Canada
The Canada Council for the Arts

Nous remercions le Conseil des Arts du Canada de l'aide accordée à notre programme de publication.

Nous reconnaissons l'aide financière du gouvernement du Canada par l'entremise du Fonds du livre du Canada pour nos activités d'édition.

Imprimé en Chine

09-11

Dépôt légal : 2011
Bibliothèque et Archives nationales du Québec

ISBN 978-2-7619-3097-0

DISTRIBUTEURS EXCLUSIFS

POUR LE CANADA ET LES ÉTATS-UNIS

MESSAGERIES ADP*
2315, rue de la Province
Longueuil, Québec J4G 1G4
Téléphone : 450 640-1237
Télécopieur : 450 674-6237
Internet : www.messageries-adp.com
* filiale du Groupe Sogides inc., filiale du Groupe Livre Quebecor Media inc.

POUR LA FRANCE ET LES AUTRES PAYS

INTERFORUM editis
Immeuble Paryseine, 3, Allée de la Seine
94854 Ivry CEDEX
Téléphone : 33 (0) 1 49 59 11 56/91
Télécopieur : 33 (0) 1 49 59 11 33

Service commandes France Métropolitaine
Téléphone : 33 (0) 2 38 32 71 00
Télécopieur : 33 (0) 2 38 32 71 28
Internet : www.interforum.fr

Service commandes Export – DOM-TOM
Télécopieur : 33 (0) 2 38 32 78 86
Internet : www.interforum.fr
Courriel : cdes-export@interforum.fr

POUR LA SUISSE

INTERFORUM editis SUISSE
Case postale 69 – CH 1701 Fribourg — Suisse
Téléphone : 41 (0) 26 460 80 60
Télécopieur : 41 (0) 26 460 80 68
Internet : www.interforumsuisse.ch
Courriel : office@interforumsuisse.ch

Distributeur : OLF S.A.
ZI. 3, Corminboeuf
Case postale 1061 – CH 1701 Fribourg — Suisse
Commandes :
Téléphone : 41 (0) 26 467 53 33
Télécopieur : 41 (0) 26 467 54 66
Internet : www.olf.ch
Courriel : information@olf.ch

POUR LA BELGIQUE ET LE LUXEMBOURG

INTERFORUM BENELUX S.A.
Fond Jean-Pâques, 6
B-1348 Louvain-La-Neuve
Téléphone : 32 (0) 10 42 03 20
Télécopieur : 32 (0) 10 41 20 24
Internet : www.interforum.be
Courriel : info@interforum.be

À ma mère

TABLE DES MATIÈRES

PROPOS PRÉLIMINAIRES (P. 9)

SE LAISSER SÉDUIRE

24 courges à découvrir. (P. 11)

LES FRÉQUENTER

Comment se comment se comporter avec ces belles inconnues sans trop se fatiguer ?

Où les trouver, comment les conserver et comment les préparer ? (P. 39)

S'ENGAGER

75 recettes à expérimenter comme autant d'invitations gourmandes. Plaisirs garantis. (P. 53)

BOUCHÉES POUR FAIRE DU CHARME À L'APÉRO

Courges d'été en crudités et trempette à l'avocat (P. 54)
Boulettes de porc et de courgettes au barbecue (P. 56)
Mini-muffins aux courgettes, à la feta et au poivron rouge (P. 58)
Graines de citrouille épicées (P. 60)
Chips de courge Buttercup (P. 62)
Trempette de courge Butternut au sésame (P. 64)

SOUPES ET POTAGES RÉCONFORTANTS AVANT D'ALLER PLUS LOIN

Soupe froide aux courgettes, à la menthe et au kéfir (P. 66)
Soupe aux courgettes et au citron, à la grecque (P. 68)
Soupe à la citrouille de Denise Cornellier (P. 70)
Potage à la courge Buttercup, garniture de canneberges à l'érable (P. 72)
Potage à la courge Marina di Chioggia et aux pois chiches (P. 74)
Soupe au bœuf, à la courge Pink Jumbo Banana et à l'avoine (P. 76)
Potage à la courge Butternut de Josée di Stasio (P. 78)
Potage à la courge Butternut et aux amandes, de type andalou (P. 80)
Potage de courge Butternut au sarrasin (P. 82)

ENTRÉES ET ACCOMPAGNEMENTS POUR METTRE DU PIQUANT

Petites tours de courgettes et de tomates gratinées (P. 84)
Fleurs de courgette farcies (P. 86)
Salade tiède de courgettes grillées au barbecue (P. 88)
Rondes de Nice farcies aux noix et au citron (P. 90)
Courge poivrée rôtie au four (P. 92)
Purée de courge poivrée et de pommes de terre à l'ail confit (P. 94)
Courge spaghetti aux tomates cerises crues (P. 96)
Rouleaux d'automne au canard confit et à la courge spaghetti (P. 98)
Caponata à la courge Delicata (P. 100)
Rösti à la courge Buttercup inspiré par Laure Waridel (P. 102)
Frites de courge Hubbard bleue cuites au four (P. 104)
Gnocchis à la courge Marina di Chioggia (P. 106)
Pesto de graines de citrouille à la sauge (P. 108)
Gratin dauphinois à la courge Butternut et au céleri-rave (P. 110)
Lasagne sans pâtes à la courge Butternut (P. 112)
Pâtés impériaux au porc et à la courge Butternut (P. 114)
Papillotes des trois sœurs à la courge Butternut sur le gril (P. 116)
Riz à la courge Butternut et au lait de coco (P. 118)
Salade de courge Butternut, pomme et endives d'Anne Desjardins (P. 120)

PLATS PRINCIPAUX POUR DES BASES SOLIDES

Farfalles aux courgettes et au saumon fumé (P. 122)
Tataki de bœuf sur salade de rubans de courgette (P. 124)
Courge spaghetti, sauce au poulet et aux arachides (P. 126)
Courges Delicata farcies à la viande et gratinées (P. 128)
Pâté chinois re-revisité à la courge Hubbard bleue (P. 130)
Tajine de poulet à la courge Hubbard bleue, aux olives et au citron confit (P. 132)
Sauce mexicaine pipián verde aux graines de citrouille (P. 134)
Cari de porc aux pommes et à la courge Butternut (P. 136)
Œufs sur salade tiède de courge Butternut, d'épinards et de bacon (P. 138)
Macaroni à la courge Butternut (P. 140)
Pizza à la courge Butternut garnie (P. 142)
Rôti de palette de bœuf braisé à la courge Butternut et aux pruneaux (P. 144)
Omelettes soufflées à la courge Sucrine du Berry et au parmesan (P. 146)

CONSERVES ET PROVISIONS DE BEAUX SOUVENIRS

Marinades de courgettes au cari, à l'érable et au gingembre (P. 148)
Marmelade d'oranges et de courgettes jaunes (P. 150)
Relish multicolore aux courgettes (P. 152)
Ovnis de mini-pâtissons marinés (P. 154)
Confiture à la citrouille Jack-o-lantern de ma mère (P. 156)
Chutney de courge Lady Godiva et de pomme d'Alexandre Loiseau (P. 158)
Sauce aux prunes sans prunes (!) à la courge Lady Godiva (P. 160)
Lactofermentation de courge Butternut et de carottes (P. 162)
Lactofermentation de courge Butternut et de chou (P. 162)

PAINS, BISCUITS ET MUFFINS POUR LES MOMENTS PRIVILÉGIÉS

Muffins aux courgettes et aux noix (P. 164)
Biscuits à la citrouille de sœur Berthe (P. 166)
Crêpes à l'avoine et à la citrouille Small Sugar (P. 168)
Cupcakes à la courge Sweet Dumpling (P. 170)
Miche de pain à la Galeuse d'Eysines en cocotte (P. 172)
Pouding chômeur au potimarron (P. 174)
Muffins à la courge Turban d'Aladin, à l'avoine et aux épices (P. 176)
Gâteau chiffon à la courge Butternut aux parfums d'orange (P. 178)
Biscuits à la courge Futtsu (P. 180)

DESSERTS ET SUCRERIES QUI NOUS COMBLENT DE BONHEUR

Courges poivrées en cœur (P. 182)
Crème brûlée parfumée au thé chai dans une citrouille Jack-be-little (P. 184)
Tartinade de citrouille Jack-o-lantern caramélisée à l'érable (P. 186)
Guimauves à la citrouille Small Sugar, au gingembre et à la noix de coco (P. 188)
Tarte aphrodisiaque à la citrouille Small Sugar (P. 190)
Mousse tiguidou à la courge Sweet Dumpling (P. 192)
Éclats de caramel aux graines de citrouille et à la fleur de sel (P. 194)
Sourire de courge Ambercup à la Zicatela (P. 196)
Crème glacée au potimarron et au mascarpone (P. 198)
Flans croûtés à la courge Butternut et à la noix de coco (P. 200)

LES BONNES ADRESSES (P. 202)

REMERCIEMENTS (P. 203)

INDEX (P. 204)

PROPOS PRÉLIMINAIRES

J'aime les courges et les citrouilles. Ma passion pour ces fameuses cucurbitacées n'est pourtant pas le fruit d'un coup de foudre. Même que mes premières fréquentations furent plutôt décevantes.

Quand j'étais enfant, les citrouilles ne m'attiraient qu'à l'Halloween, lorsqu'elles étaient en plastique et remplies de bonbons et de surprises. Sous forme de confitures, elles ne faisaient pas le poids à côté des petites fraises des champs. Puis, à l'adolescence, sans trop d'enthousiasme, j'ai découvert la courgette et la courge spaghetti. Cette dernière, malgré son nom, n'a jamais réussi à détrôner les pâtes de blé nappées de la sacro-sainte sauce italienne de ma mère. Et ce n'est pas non plus mon rôle au cégep dans la pièce de théâtre Citrouille de Jean Barbeau qui a allumé la moindre étincelle. Plus tard, à l'université, impressionnée par la valeur nutritive exceptionnelle des courges à la chair orangée, j'ai donné à ces légumes éconduits une seconde chance. Toutefois, nos relations ne sont pas allées plus loin que des corvées annuelles de congélation en prévision d'éventuels potages et muffins vitaminés.

Puis Cupidon s'en est mêlé. J'ai rencontré mon prince charmant, un pâtissier gourmand à la curiosité contagieuse. Mais le coup de grâce du destin a pris la forme d'une demande inattendue : animer un atelier culinaire sur les courges. Recherches et expérimentations sont alors venues à bout de toutes mes résistances. Je suis tombée sous le charme. Je n'oublierai jamais le moment où j'ai goûté une courge Sweet Dumpling pour la première fois. Son goût d'amande caramélisée m'a plu à un point tel que je ne pouvais m'arrêter d'en manger à la cuillère, à la sortie du four... Tant pis pour la recette ! Inspirée par mes découvertes, et encouragée par une photographe et une designer graphique converties à ma nouvelle passion, j'ai conçu recettes et potions sexy, comme des chips, des tajines, de la pizza et du caramel. Elles n'ont rien de sorcier, mais elles devraient faire succomber les plus endurcis.

À votre tour maintenant de vous laisser séduire...

Louise Gagnon, *entremetteuse*

SE LAISSER SÉDUIRE

24 courges à découvrir.

Elles sont magnifiques, mystérieuses, colorées, tendres, savoureuses… bref, elles sont pleines de charme. Laissez-vous tenter par ces coups de cœur.

Absolument fascinantes, les courges n'en demeurent pas moins intimidantes. Ignorées, méconnues, parfois abandonnées et même maltraitées — pensez aux lendemains de l'Halloween —, elles ont pourtant tellement à offrir.

5 bonnes raisons de vous laisser tenter :

1. **LEUR GOÛT**. Les courges sont appétissantes et succulentes. À leur saveur plus ou moins sucrée se mêlent des arômes qui rappellent parfois les noix, les patates douces, les carottes, les châtaignes, les artichauts et bien d'autres encore.

2. **LEUR TEXTURE**. De fine à plus fibreuse, d'aqueuse à farineuse, les courges possèdent des qualités qui donnent onctuosité, moelleux, humidité, capacité de liaison ou fermeté aux plats dans lesquels on les utilise.

3. **LEUR POLYVALENCE**. Elles se prêtent à une foule d'utilisations, de l'entrée au dessert. On les sert farcies, grillées, sautées, on les incorpore aux soupes, aux sauces, aux mijotés, aux purées, aux crêpes, aux gâteaux et à de nombreux autres plats.

4. **LEUR VALEUR NUTRITIVE**. Les courges d'été sont peu caloriques et elles fournissent des fibres. Tandis que la chair des courges d'hiver contient davantage de glucides et regorge de bêtacarotène (vitamine A), reconnu pour ses propriétés antioxydantes et anti-inflammatoires. Elle contient aussi notamment de la vitamine C, du potassium et des fibres. Quant aux graines de courges d'hiver, elles offrent un concentré d'éléments nutritifs. Elles fournissent des protéines, du fer, du zinc, du phosphore, du manganèse, du magnésium et des gras monoinsaturés, qui sont bons pour la santé du cœur. Diurétiques, elles soulageraient les symptômes de la vessie irritable et les troubles de miction associés à l'hypertrophie bénigne de la prostate.

5. **LEUR PROVENANCE**. Originaires des Amériques et domestiquées depuis des millénaires, les courges cultivées au Québec sont un produit de choix pour les locavores. À condition de surveiller d'où elles proviennent.

Comme les courges ont des personnalités distinctes, il en existe sûrement au moins une qui saura vous plaire. Sélectionnées parmi des centaines, voici 24 beautés pratiquement désespérées, prêtes pour une première rencontre et, *qui sait, peut-être plus, si affinités...*

PÂTISSON

(AUTRE NOM : BONNET D'ÉLECTEUR OU BONNET DE PRÊTRE)

COURGE D'ÉTÉ / COURGE POTAGÈRE (*Cucurbita pepo*)

Mignon comme tout et pas compliqué. Belle carrière dans la restauration. Prêt pour rencontres occasionnelles du 3e type et pour passer de bons moments un brin flyés.

Avis aux intéressés : Comme dans le cas de toutes les courges d'été, les jeunes pâtissons, jaunes, verts ou deux couleurs, dentelés ou unis, doivent être consommés sans tarder.

Taille optimale : 5 cm (2 po) de longueur, au maximum.

À savoir : Sa chair est un peu moins tendre que celle de la courgette et son goût rappelle légèrement celui d'un cœur d'artichaut. Parfait en crudités, au barbecue ou mariné dans le vinaigre.

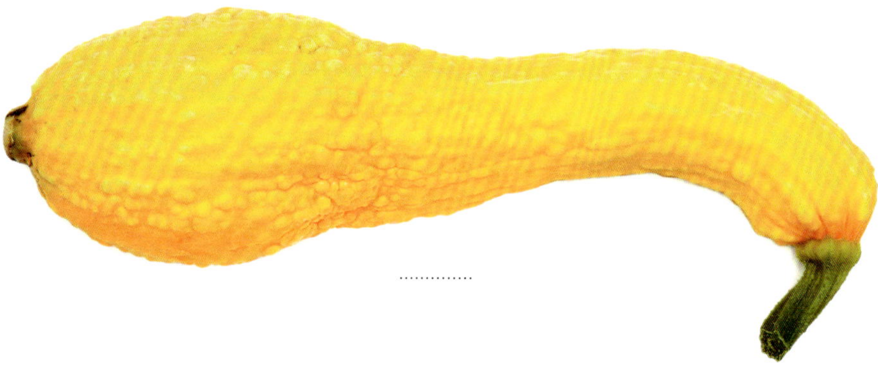

COUTORS

(AUTRES NOMS : COURGE À COU TORS, COURGE TORTICOLIS, CROOKNECK)

COURGE D'ÉTÉ / COURGE POTAGÈRE (*Cucurbita pepo*)

Farfelue et vulnérable. Cherche quelqu'un d'attentionné au sens de l'humour aiguisé pour développer relation amicale d'abord. Esprits tordus et casse-cou s'abstenir.

Avis aux intéressés : Dans les marchés publics ou chez certains producteurs, vous trouverez des variétés bosselées et non bosselées, ainsi que des cousines au cou droit.

Taille optimale : 10 cm (4 po) de longueur, au maximum.

À savoir : Sa chair délicate est comparable à celle de la courgette.

ZUCCHINI ROMANESCO

COURGE D'ÉTÉ / COURGE POTAGÈRE (*Cucurbita pepo*)

Beau spécimen svelte et bien vigoureux. De descendance italienne et fier de sa personne. Cherche compagne enthousiaste et sûre d'elle pour aventures romanesques.

Avis aux intéressés : Dans les marchés publics ou chez certains producteurs, vous le reconnaîtrez à ses côtes plus pâles qui forment de jolies rayures.

Taille optimale : 20 cm (8 po) de longueur, au maximum.

À savoir : La rumeur veut qu'il soit le meilleur zucchini du monde. À consommer en crudités, farci, sauté et de bien d'autres façons.

RONDE DE NICE

COURGE D'ÉTÉ / COURGE POTAGÈRE (*Cucurbita pepo*)

Jeune, fraîche et ouverte. Belle apparence. Cherche partenaire moderne qui a un faible pour les rondeurs. Pour relation d'un soir, toute en légèreté.

Avis aux intéressés : Dans les marchés publics ou chez certains producteurs, vous trouverez aussi cette courge en format miniature. Elle ressemble à la courge d'été Rondini.

Taille optimale : 15 cm (6 po) de diamètre, au maximum.

À savoir : Elle est parfaite pour faire des petits farcis. Devient tendre et fondante à la cuisson.

COURGETTE

(AUTRE NOM : ZUCCHINI)

COURGE D'ÉTÉ / COURGE POTAGÈRE (*Cucurbita pepo*)

Jeune et tendre. Élancée. Un peu frivole. Adore porter des robes légères et affriolantes. Aimerais mettre du croquant dans la vie de celui qui sera sensible à ma fragilité et à la subtilité de mes parfums.

Avis aux intéressés : L'été, recherchez les courgettes fraîches, jaunes ou vertes de nos producteurs, leur goût est incomparable.

Taille optimale : 20 cm (8 po) de longueur, au maximum.

À savoir : À la cuisson, la chair prend un léger goût de noisette.

LADY GODIVA

(AUTRE NOM : COURGE À GRAINES NUES, COURGE À HUILE STYRIENNE)

COURGE D'HIVER / COURGE POTAGÈRE (*Cucurbita pepo*)

Très sexy avec mes graines sans écales. On m'a nommée selon la légende d'une dame anglaise défilant à cheval, vêtue seulement de sa très longue chevelure. Rêve d'un chevalier servant valeureux, m'inondant de parfums et me transportant sur sa fringante monture.

Avis aux intéressés : Dans les marchés publics ou chez certains producteurs, optez aussi pour son sosie, la courge Kakai. Différente, la Snackjack est également une courge à graines nues.

Poids usuel : 3 à 5 kg (6 ½ à 11 lb).

À savoir : Ses graines dépourvues d'écales sont délicieuses et font un pesto original. Sa chair, au goût neutre, absorbe les parfums environnants et sa texture ressemble à celle de l'ananas. Parfaite pour faire des chutneys.

DELICATA

(AUTRES NOMS : COURGE PATATE, SWEET POTATO, DELICATESSEN, PEANUT)

COURGE D'HIVER / COURGE POTAGÈRE (*Cucurbita pepo*)

Délicate, douce, mignonne et avec des principes. Désire rencontrer soupirant respectueux, qui ne cherchera pas à m'enlever ma pelure dès le premier soir. Il saura apprécier, en temps voulu, ma chair fine et dense. Farces et fous rires garantis ! Crudivoristes bienvenus.

Avis aux intéressés : Vous la trouverez dans les marchés publics, chez plusieurs producteurs, parfois dans certaines épiceries et fruiteries. Choisissez celle dont la peau présente le plus grand nombre de sillons orangés ou laissez-la vieillir à la maison jusqu'à ce que sa peau prenne une teinte orangée.

Poids usuel : 400 à 600 g (14 oz à 1 ½ lb).

À savoir : Son format est parfait pour les célibataires. Son goût rappelle celui de la patate douce, elle est idéale pour farcir, fait de jolies rondelles sur la pizza, agrémente une caponata et bien d'autres choses encore. Sa peau relativement tendre est comestible.

COURGE SPAGHETTI

(AUTRE NOM : SPAGHETTI VÉGÉTAL)

COURGE D'HIVER / COURGE POTAGÈRE (*Cucurbita pepo*)

Honnête, discrète et pas compliquée. Donne beaucoup si on prend la peine de gratter un peu. Cherche amant fidèle aux goûts complémentaires pour sortir de la routine et mettre du piquant dans ma vie. Italiens et asiatiques bienvenus.

Avis aux intéressés : Évitez les courges spaghetti un peu verdâtres, signe d'immaturité. Recherchez aussi les délicieuses et colorées courges Stripetti et Oranghetti, qui sont obtenues par croisement.

Poids usuel : 1 à 1,5 kg (2¼ à 3 ½ lb).

À savoir : Sa chair douce relativement sucrée et très filandreuse ressemble à des spaghettis. Parfaite pour les soupes, les rouleaux de printemps et les « spaghettis » aux tomates crues, par exemple.

COURGE POIVRÉE

(AUTRES NOMS : REINE DE LA TABLE, ACORN, COURGERON, DANISH, PEPPER SQUASH)

COURGE D'HIVER / COURGE POTAGÈRE (*Cucurbita pepo*)

Beauté plastique, ancienne top-modèle, maintes fois nommée Reine de la table. Cherche complice contemplatif et fier de me présenter telle que je suis. Serai pour lui irrésistible, douce et fine. Pour relation à moyen terme seulement.

Avis aux intéressés : Choisissez celle qui a une tache orange. À moins d'opter pour une variété toute orangée, blanchâtre ou beige. Cette courge d'hiver se conserve relativement moins longtemps que d'autres, mais quand même au moins 1 mois.

Poids usuel : 400 g à 1 kg (14 oz à 2¼ lb).

À savoir : Sa chair fine et peu fibreuse a un léger goût de noix qui se marie bien avec les mets sucrés, salés ou épicés et n'a absolument aucun goût de poivre. Comme elle est difficile à peler, il vaut mieux la farcir ou en faire de belles rondelles à griller. Autre possibilité : enlever la peau une fois qu'elle est cuite et utiliser la chair pour faire des purées, des potages et d'autres plats veloutés.

SMALL SUGAR

(AUTRES NOMS : SUGAR PIE, BOSTON PIE)

COURGE D'HIVER / COURGE POTAGÈRE (*Cucurbita pepo*)

Jeune, allumée et sans excès de poids. Naturellement parfumée et savoureuse. Fille de party qui a une folle envie de s'éclater. Aime tous les genres de musique, surtout celle du groupe rock The Smashing Pumpkins.

Avis aux intéressés : Sa saveur n'a rien à voir avec celle des grosses citrouilles d'Halloween. Cette variété, sucrée et parfumée, est parmi les meilleures. Choisissez une courge dont le pédoncule a au moins 2,5 cm (1 po) de longueur. Se pèle assez facilement, même avec un couteau économe.

Poids usuel : 2 à 3 kg (4 ½ à 6 ½ lb).

À savoir : Idéale pour préparer des desserts comme des tartes, des muffins et des biscuits. Délicieuse aussi en mets salés ou épicés et simplement rôtie avec de l'huile d'olive et des herbes.

SWEET DUMPLING

(AUTRES NOMS : COURGE PATIDOU, DOUX BOULOT, PÂTE D'AMANDE)

COURGE D'HIVER / COURGE POTAGÈRE (*Cucurbita pepo*)

Ravissante, douce et irrésistible. Joie de vivre contagieuse. Désire vivre une relation simple, mais vibrante avec un amoureux gourmand et brûlant de désir.

Avis aux intéressés : Dans les marchés publics et chez certains producteurs, vous la reconnaîtrez par le creux du côté de son pédoncule. Optez pour celle qui a des « taches de rousseur » sur la peau.

Poids usuel : 200 à 600 g (7 oz à 1 ½ lb).

À savoir : Sa chair a des parfums d'amande et de noisette.
Un délice dans les mousses, les cupcakes, les biscuits et les crèmes glacées, par exemple.

JACK-O-LANTERN

(AUTRES NOMS : COURGE OU CITROUILLE D'HALLOWEEN)

COURGE D'HIVER / COURGE POTAGÈRE (*Cucurbita pepo*)

Jolie rouquine romantique et ensorceleuse. Poids variable. Adore les promenades au clair de lune et les repas aux chandelles. Désire refaire ma vie avec prince charmant qui partage mon amour pour les films d'épouvante et les contes de fées.

Avis aux intéressés : Ne pas confondre avec la citrouille d'Europe (ou potiron rouge vif d'Étampes), plus évasée.

Poids usuel : 3,5 à 7 kg (8 à 15 ½ lb).

À savoir : Après avoir servi de seau à glace, de soupière, de lanterne sculptée ou d'autre décoration, elle se recycle en potages, biscuits, tartes ou pains. Sa chair demande à être relevée ou parfumée.

JACK-BE-LITTLE

(AUTRES NOMS : COURGE LILLIPUT, MINI JACK BE)

COURGE D'HIVER / COURGE POTAGÈRE (*Cucurbita pepo*)

Sensuelle, coquette et assoiffée d'aventure. Désire partager tendresse, douceur et délices avec celui qui aura la bonne idée de faire de moi autre chose qu'une petite potiche. Je le chouchouterai un peu, beaucoup, passionnément…

Avis aux intéressés : Cette mini-citrouille a une chair sucrée dont le goût exquis rappelle celui de la châtaigne. Semblable à la délicieuse Sweetie Pie.

Poids usuel : 150 à 300 g (5 à 10 oz).

À savoir : Fait sensation à l'apéro, utilisée comme mini-cocotte, et servie au dessert, avec une crème brulée.

HUBBARD BLEUE

COURGE D'HIVER / COURGE GÉANTE OU POTIRON (*Cucurbita maxima*)

Sous ma façade robuste et un peu étrange se cache un grand trésor de douceur et de sensualité. Belles valeurs. Beaucoup à offrir. Cherche connaisseur imaginatif pour relation à très long terme. Frissons garantis, congélation ou pas.

Avis aux intéressés : Vous la trouverez dans les marchés publics, chez plusieurs producteurs et parfois dans certaines épiceries et fruiteries.

Poids usuel : 5 à 10 kg (11 à 22 lb).

À savoir : Sa peau est très dure, mais en contrepartie la courge se conserve très longtemps. Cette courge a le maximum de saveur lorsque sa peau vire au pêche rosé. Chair fine, sèche, goûteuse et pas trop sucrée. Garde bien sa forme à la cuisson. Parfaite pour les mijotés et les frites, mais convient bien aussi aux potages et aux purées.

GALEUSE D'EYSINES

(AUTRES NOMS : PEANUT PUMPKIN, GALEUX D'EYSINES, COURGE BRODÉE GALEUSE, CITROUILLE À POTAGE D'EYSINES)

COURGE D'HIVER / COURGE GÉANTE OU POTIRON (*Cucurbita maxima*)

Excentrique et généreuse. Recherche partenaire courageux, pas effrayé par mes cicatrices et curieux de découvrir la véritable beauté intérieure qui se cache sous ma peau. Qui ne risque rien n'a rien.

Avis aux intéressés : Rare. À découvrir dans les marchés publics et chez quelques producteurs. Ne se conserve pas très longtemps.

Poids usuel : 4 à 9 kg (9 à 20 lb).

À savoir : Sa chair colorée, dense et sucrée contient beaucoup d'eau et a un goût de carotte. Parfaite pour faire du pain, des potages et des desserts.

BUTTERCUP

(AUTRE NOM : BUTTERCUP BUSH)

COURGE D'HIVER / COURGE GÉANTE OU POTIRON (*Cucurbita maxima*)

Belle personnalité. Fine, moelleuse et intense. Appréciée pour ma grande disponibilité et mes talents culinaires. Désire vivre des aventures variées et savoureuses avec ou sans lendemain.

Avis aux intéressés : Vous la reconnaîtrez par sa forme généralement plate du côté du pédoncule – un peu comme un tambour – et son joli nombril.

Poids usuel : 1 à 2 kg (2 ¼ à 4 ½ lb).

À savoir : Sous une peau assez coriace se cache une chair exceptionnelle à texture fine et sèche, au goût sucré et à l'arôme de noix. Très prisée pour faire des chips, des potages, des purées et des desserts. Peut facilement se substituer aux courges Sweet Mama et Kabosha, des hybrides très ressemblants, mais plus arrondis du côté du pédoncule.

AMBERCUP

(AUTRE NOM : FLEUR AMBRÉE)

COURGE D'HIVER / COURGE GÉANTE OU POTIRON (*Cucurbita maxima*)

Beauté flamboyante. Toute en rondeurs, mais bien dans ma peau. Aime les sports d'hiver, comme le curling. Cherche complice pour vivre une tendre idylle et faire plein de belles découvertes. À qui la chance ?

Avis aux intéressés : Vous la trouverez dans les marchés publics et chez certains producteurs.

Poids usuel : 1 à 1,5 kg (2 ¼ à 3 ½ lb).

À savoir : Probablement issue d'un croisement entre une courge Hubbard et une courge Buttercup, elle offre une chair exceptionnellement fine, sèche et sucrée à l'arôme de marron. Un délice dans les potages, les purées et les desserts.

POTIMARRON

COURGE D'HIVER / COURGE GÉANTE OU POTIRON (*Cucurbita maxima*)

Bon pote. Cherche oiseau rare pour rencontres intimes occasionnelles et goûter ensemble le moment présent. Plaisirs charnels assurés…

Avis aux intéressés : Les courges qui portent le nom de potiron doux d'Hokkaido ou de Red Kuri ou les autres courges orange en forme de toupie plus ou moins aplatie sont des potimarrons, soit des potirons au goût de marron, d'où leur nom. Vous les trouverez dans les marchés publics et chez certains producteurs.

Poids usuel : 1 à 3 kg (2 ¼ à 6 ½ lb).

À savoir : Chair fine, sucrée et parfumée. À maturité complète, le goût de marron devient plus prononcé. Même la peau est savoureuse. Un délice dans les potages, les omelettes soufflées et les desserts, comme le pouding chômeur.

TURBAN D'ALADIN

(AUTRES NOMS : GIRAUMON, CITROUILLE IROQUOISE, TURBAN TURC OU BONNET TURC)

COURGE D'HIVER / COURGE GÉANTE OU POTIRON (*Cucurbita maxima*)

Beauté naturelle aux courbes séduisantes. Aime la décoration et les surprises. Adepte de la récupération. Désire rencontrer compagnon sans tabou pour vivre mille et une nuits magiques et savoureuses !

Avis aux intéressés : Malgré son apparence saugrenue, cette courge est comestible. Comme elle se pèle difficilement, il vaut d'abord mieux la cuire entière ou la farcir.

Poids usuel : 1 à 2 kg (2 ¼ à 4 ½ lb).

À savoir : Sa chair un peu farineuse a une saveur douce, parfois rehaussée d'arômes de noisette. Chair parfaite pour être recyclée dans les potages, les muffins et les purées.

PINK JUMBO BANANA

COURGE D'HIVER / COURGE GÉANTE OU POTIRON (*Cucurbita maxima*)

Rigolote et éternelle optimiste. Taille un peu forte. Possibilités de plusieurs rencontres pour partager plaisirs de la chair et voir la vie en rose. Offre réconfort. Joueurs de football s'abstenir.

Avis aux intéressés : Rare. Dans les marchés publics ou chez un producteur, choisissez une courge à la peau rose tendre, signe de maturité.

Poids usuel : 5 à 10 kg (11 à 22 lb).

À savoir : Chair fine, ferme et peu sucrée. Délicieuse pour faire des potages, des purées et des frites.

MARINA DI CHIOGGIA

(AUTRES NOMS : CHIOGGIA SEA PUMPKIN, ZUCCA BARUCCA, ZUCCA SANTA)

COURGE D'HIVER / COURGE GÉANTE OU POTIRON (*Cucurbita maxima*)

Méditerranéenne provocante et plantureuse. Rêve d'un gigolo hédoniste pour plaisirs de bouche, dolce vita et tutti quanti. N'hésite pas à me contacter. Ciao !

Avis aux intéressés : Rare. Vous pouvez parfois la trouver dans les marchés publics et chez quelques producteurs.

Poids usuel : 4 à 6 kg (9 à 13 lb).

À savoir : Chair fine et farineuse à saveur sucrée. Parfaite pour faire des minestrones, des gnocchis et des risottos, mais convient aussi à d'autres recettes pas forcément italiennes.

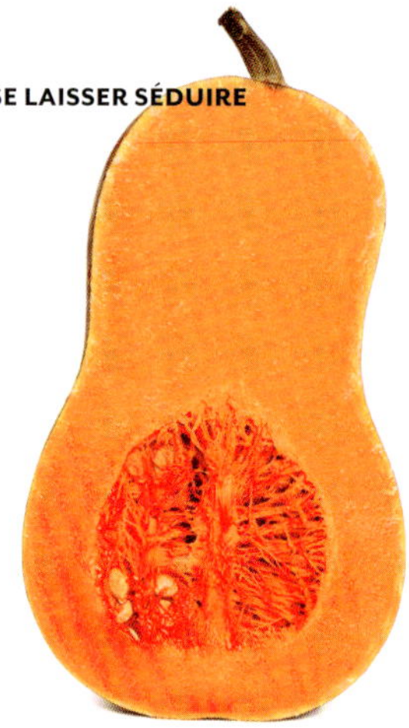

SUCRINE DU BERRY

(AUTRES NOMS : COURGE CARABACETTE, COURGE PORTEMANTEAU HÂTIVE, SUCRETTE DU BERRY)

COURGE D'HIVER / COURGE MUSQUÉE (*Cucurbita moschata*)

Dame de compagnie distinguée, désire étendre la portée de mes charmes auprès d'épicuriens de toutes classes sociales. Possède des courbes toutes féminines et cache sous ma robe sobre, mais griffée, ma plus grande richesse : une chair flamboyante et émoustillante.

Avis aux intéressés : Assez rare, mais vous pouvez parfois la trouver dans un marché public ou chez un producteur. Choisissez-en une dont la peau présente des marques jaunes ou orange, de préférence.

Poids usuel : 1,5 à 2 kg (3 ½ à 4 ½ lb).

À savoir : C'est au moment où sa peau vire à l'ocre que sa chair offre un maximum de saveurs. Relativement facile à peler et à râper. La chair contient beaucoup d'eau et est très sucrée. Excellente dans de nombreux desserts et dans les pains.

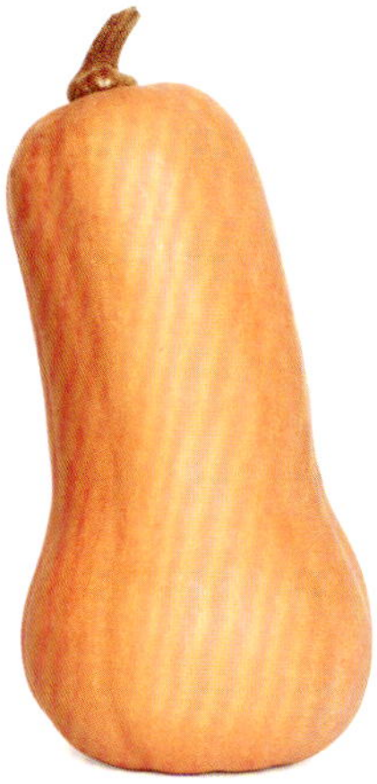

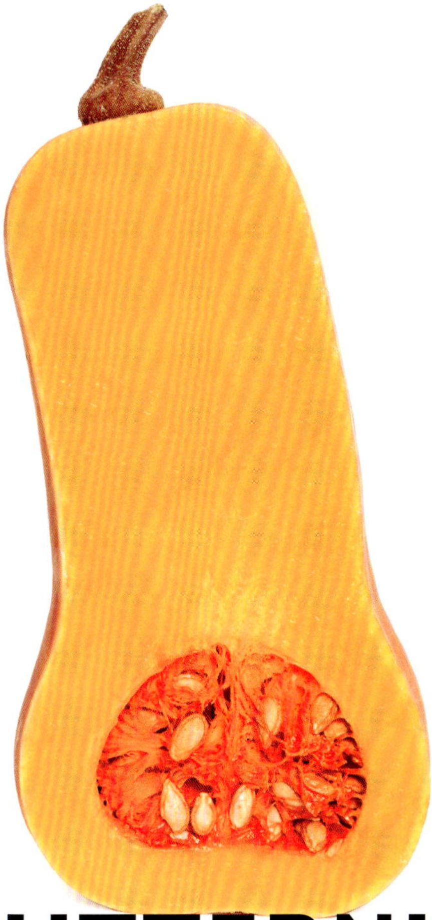

BUTTERNUT

(AUTRE NOM : DOUBEURRE)

COURGE D'HIVER / COURGE MUSQUÉE (*Cucurbita moschata*)

Élégante et classique, tout en étant généreuse et libérée. Ferme, tout en étant tendre et moelleuse. Cherche partenaire gourmet prêt à me manger... même toute crue !

Avis aux intéressés : Ne devrait pas être appelée courge musquée, car ce terme désigne l'espèce *Cucurbita moschata*, qui compte, avec la Butternut, plus de 400 variétés de courges bien distinctes, dont la Pleine de Naples, la Muscade de Provence et la Futtsu. Choisissez celle dont la peau tire sur la couleur ocre, mais ne choisissez pas une courge verdâtre, car elle n'est pas mûre.

Poids usuel : 1 à 2 kg (2 ¼ à 4 ½ lb).

À savoir : Relativement facile à peler et à râper. Sa chair, au léger goût de beurre et de noisette, n'est pas fibreuse et a la propriété de garder sa tenue à la cuisson. Parfaite pour les gratins, les mijotés et les lasagnes, mais ne vous privez pas d'en faire des purées pour bébés, des trempettes et des potages.

FUTTSU

(AUTRES NOMS : FUTSU, FUTZU OU FUTSU KUROKAWA, BLACK FUTSU)

COURGE D'HIVER / COURGE MUSQUÉE (*Cucurbita moschata*)

Originaire du Japon. Geisha dans l'âme, je pratique avec un égal raffinement l'art de la décoration et celui de la gastronomie. La maturité m'a donné un aspect ridé, mais je subjugue littéralement les plus expérimentés par ma chair exquise.

Avis aux intéressés : Rare. N'hésitez pas à l'acheter si vous en apercevez une dans un marché public ou chez un producteur.

Poids usuel : 500 g à 1,5 kg (1 à 3 ½ lb).

À savoir : Il est préférable de la cuire avec la peau, car elle est difficile à peler. Chair sèche, sucrée, au goût de noisette. Garde sa forme à la cuisson. Parfaite dans les chutneys, les biscuits, les mousses et les crèmes glacées.

[...] L'ESTIME QUE JE VOUS DIS LES ANNÉES DERNIÈRES DES CITROUILLES DES IROQUOIS VOUS EN A DONNÉ L'APPÉTIT. JE VOUS ENVOIE DE LA GRAINE, QUE LES HURONS NOUS APPORTENT DE CE PAYS-LÀ, MAIS JE NE SAIS SI VOTRE TERROIR N'EN CHANGERA PAS LE GOÛT. ON LES APPRÊTE EN DIVERSES MANIÈRES : EN POTAGE AVEC DU LAIT ET EN FRITURE ; ON LES FAIT ENCORE CUIRE AU FOUR COMME DES POMMES OU SOUS LA BRAISE COMME DES POIRES ; ET DE LA SORTE IL EST VRAI QU'ELLES ONT LE GOÛT DE POMMES DE RAINETTES CUITES. [...]

Lettre de Marie de l'Incarnation (Québec, 1668) à son fils Claude Martin vivant à Saint-Maur, en France

LES FRÉQUENTER

Comment se comporter avec ces belles inconnues sans trop se fatiguer ?
Où les trouver, comment les conserver et comment les préparer ?

Pour traiter une courge aux petits oignons et en tirer le meilleur parti, il faut d'abord distinguer les courges d'hiver des courges d'été (voir les 24 portraits de courges, dans la section « Se laisser séduire », p. 11). Comme leur nom l'indique, les courges d'été sont cueillies en été. Elles ont une chair humide et tendre, de couleur amande et elles sont cueillies jeunes, avant maturité. Les courges d'hiver, qui sont cueillies plus tardivement et à maturité, sont généralement plus grosses et elles ont une chair plus ferme dans les tons orangés. Leur écorce dure permet de les conserver plus longtemps, soit jusqu'en hiver.

FAIRE LES PREMIERS PAS : OÙ ET QUAND LES TROUVER ?

LES COURGES D'ÉTÉ

À part les cultiver soi-même, la meilleure façon de dénicher les courges d'été les plus savoureuses est d'acheter des courges cultivées localement. Sans compter les retombées bénéfiques sur l'économie locale et la réduction de l'empreinte écologique. Dès juillet, vous pouvez trouver ces courges, surtout les courgettes et les pâtissons, dans les épiceries, mais ce sont les marchés publics et les producteurs qui vous offriront le plus grand choix. Les fleurs de courgette vendues seules ou attachées au fruit font aussi parfois leur apparition. À moins de les acheter directement du producteur, il est toujours avisé, et ce, même dans les marchés publics, de vérifier la provenance des courges d'été.

L'été est certainement le meilleur moment pour manger des courgettes, des pâtissons et d'autres courges d'été, même si, grâce à l'importation, on en trouve toute l'année.

LES COURGES D'HIVER

Dès la fin d'août et pendant tout l'automne, une grande variété de courges d'hiver cultivées localement sont offertes dans les marchés publics et chez des producteurs. Entreposées dans des conditions favorables, la courge spaghetti, la Buttercup et la Butternut cultivées localement sont cependant offertes plus longtemps, soit jusqu'en février, dans les marchés publics et les épiceries.

Grâce à l'importation, vous pourrez trouver des courges d'hiver, comme la courge poivrée, la courge spaghetti, la Buttercup et la Butternut, dans les marchés publics et les épiceries presque toute l'année.

FAIRE SON CHOIX

LES COURGES D'ÉTÉ

Pour un maximum de saveur, c'est avant tout la fraîcheur — ou le temps minimal entre la cueillette et la consommation — qu'il faut privilégier. Parmi les signes extérieurs de fraîcheur, votre instinct est souvent un très bon juge. Des signes qui ne trompent pas : une peau luisante, sans taches ni meurtrissures.

Les courges d'été fraîchement cueillies sont fermes, lourdes et ne sont pas flétries, signes qu'elles ne sont pas déshydratées.

LES COURGES D'HIVER

La maturité des courges est « la » qualité à rechercher afin d'obtenir le maximum, en termes de goût et de conservation. Parmi les signes extérieurs de maturité, on note une peau qui a perdu son aspect luisant et que l'ongle ne peut traverser, ainsi qu'un pédoncule plus ou moins sec ou durci. Chez les courges géantes ou potirons (*C. maxima*), le pédoncule devient sec et liégeux.

La couleur de la peau est généralement aussi un bon indice de maturité. Par exemple, optez pour une courge poivrée dont le vert vire au noir et qui a une grosse tache orange, pour une courge spaghetti sans aucune trace de vert ou pour une Butternut dont la pelure est le plus ocre possible.

En règle générale, optez pour les courges les plus foncées, orangées ou colorées. Et choisissez, de préférence, des courges d'hiver de grosseur moyenne, selon leur variété, ni trop grosses (parfois trop fibreuses) ni trop petites (parfois sans saveur).

Notez qu'un cercle pâle situé sous une courge d'hiver, là où elle était en contact avec le sol, est un signe d'immaturité. De plus, choisissez des courges fermes, lourdes, sans taches ni craquelures ou éraflures.

Si vous désirez farcir une courge, choisissez-en une parmi les courges potagères d'hiver (*C. pepo*), comme la courge poivrée, la Delicata et la Jack-be-little. Leur chair n'est pas trop épaisse, ce qui laisse de l'espace à l'intérieur. Si, toutefois, vous voulez faire de bonnes provisions de purée, il vaut mieux choisir des courges géantes ou potirons (*C. maxima*), comme la Ambercup, la Hubbard bleue et la Pink Jumbo Banana. Leur chair est plus épaisse et leur cavité est proportionnellement plus réduite. Notez que la Butternut, qui n'a qu'une petite cavité, offre beaucoup de chair.

LES PRENDRE AVEC DÉLICATESSE

LES COURGES D'ÉTÉ

Comme elles ont la peau tendre et fragile, vous devez les manipuler avec soin pour ne pas les écorcher.

LES COURGES D'HIVER

Même si elles ont une peau beaucoup moins fragile, les courges d'hiver doivent être manipulées avec soin.

> *Évitez de prendre les courges d'hiver par le pédoncule, cela pourrait les blesser en provoquant des microfissures invisibles et compromettre ainsi leur durée de conservation.*

RESPECTER LEUR RYTHME

LES COURGES D'ÉTÉ

Il faut utiliser les courges d'été le plus rapidement possible après les avoir achetées, car leur fraîcheur est éphémère. Pour les conserver plus longtemps, congelez-les (jusqu'à 6 mois si elles ont été blanchies) ou, en période d'abondance, faites-en des conserves. Les fleurs de courgette cueillies très tôt dans la journée doivent être consommées le jour même de leur achat.

Les courges d'été se conservent au maximum de 3 à 5 jours au réfrigérateur dans un sac à légumes perforé.

LES COURGES D'HIVER

Pour un maximum de saveur, il est préférable d'attendre un peu entre l'achat des courges d'hiver récemment récoltées et leur l'utilisation. De plus, en début de saison, les courges d'hiver sont plus difficiles à couper et elles requièrent une cuisson plus longue.

Les courges d'hiver continuent à développer leurs arômes, leur goût sucré et même leur valeur nutritive pendant les trois premiers mois qui suivent la récolte, une exception dans le règne végétal.

Entreposez les courges d'hiver entières sans les entasser dans un endroit frais, au moins 10 °C (50 °F), bien aéré et à l'abri de l'humidité, évitez le réfrigérateur. Elles peuvent aussi être conservées à température ambiante, jusqu'à 22 °C (72 °F), comme sur une étagère ou un comptoir où elles font belle figure. Elles vont toutefois mûrir et devenir farineuses et fibreuses plus rapidement qu'à une température plus fraîche. L'entreposage des courges d'hiver près de fruits et légumes mûrs qui dégagent de l'éthylène (pommes, poires et oignons, par exemple), un gaz qui peut entraîner le pourrissement, est à éviter. Dans tous les cas, un examen régulier s'impose. Au moindre signe de dépérissement — des taches ou un amollissement — cuisinez-les aussitôt, après en avoir retiré les parties détériorées.

Dans les meilleures conditions, quand les courges d'hiver ont été cueillies à maturité, elles peuvent être conservées pendant des semaines, au moins jusqu'à Noël. Certaines variétés, surtout les courges géantes ou potirons (*C. maxima*), se conservent facilement jusqu'au printemps et même au-delà. Elles ne s'appellent pas courges d'hiver pour rien !

Le fait de pouvoir trouver des courges d'hiver de nos producteurs pendant la saison froide est un atout de taille, au moment où les légumes frais cultivés localement se font rares.

Une fois entamées, les courges se conservent de 3 à 5 jours au réfrigérateur, dans un sac hermétique ou enveloppées de pellicule plastique.

La congélation dans des sacs de congélation ou dans des contenants hermétiques est aussi une solution très commode. Cette méthode permet de conserver des courges d'hiver crues (râpées ou coupées en cubes) pendant quelques semaines. Si elles sont cuites (en purée) ou blanchies (coupées en cubes), elles se conservent plus longtemps, soit de 6 mois à 1 an.

La congélation permet d'avoir en tout temps de la courge prête à utiliser pour cuisiner différents plats succulents.

Mais contrairement à la pratique courante de congeler les légumes le plus tôt possible après qu'ils ont été cueillis, nul besoin de se presser. Mieux vaut attendre au moins quelques semaines afin que les courges d'hiver puissent continuer leur maturation, surtout les courges géantes ou potirons (*C. maxima*).

La mise en conserve et la lactofermentation, une méthode ancestrale de conservation à cru, offrent aussi de délicieuses possibilités.

LES AMENER À S'OUVRIR

LES COURGES D'ÉTÉ

Crues ou cuites, elles se coupent facilement. Les petites courges et les courges miniatures gagnent à être laissées entières.

LES COURGES D'HIVER

Coupez-les en 2. Un bon coup de couteau bien aiguisé au manche et à la lame robustes est essentiel. Même un marteau ou un maillet peuvent servir, à l'occasion. Une fois que les courges sont coupées, retirez les filaments et les graines de la cavité centrale en la raclant avec une cuillère parisienne ou une cuillère à pamplemousse. Il reste alors à couper les courges en quartiers, à les peler, au besoin, à les trancher, à les hacher ou à les râper, selon ce que vous voulez en faire.

Aux grands maux, les grands remèdes : Si vous avez une courge à la peau coriace à l'extrême, comme la courge Hubbard, mettez-la dans un sac pour éviter les dégâts et laissez-la tomber par terre et se fracasser (c'est particulièrement efficace sur une surface en béton).

LES METTRE À NU

LES COURGES D'ÉTÉ

Comme la peau de ces courges est tendre et que c'est la partie la plus nutritive, on ne pèle pas les courges d'été.

LES COURGES D'HIVER

Le saviez-vous ? Ces courges n'ont pas toujours besoin d'être pelées. Ainsi, la peau de la courge Delicata est suffisamment tendre pour être mangée crue. Quant à la peau du potimarron, quand elle est cuite, on se surprend à s'en délecter. Même chose pour la peau de la courge poivrée qui, une fois cuite, devient tendre et comestible. Dans le cas de la courge Buttercup, il est superflu d'en retirer la peau si on en fait des tranches archifines, comme pour des chips, par exemple. En règle générale, la peau des courges n'est pas intéressante à manger à moins qu'on ne puisse la transpercer avec son ongle. Pour éviter la tâche plus fastidieuse de peler les courges crues, faites-les cuire non pelées. La peau s'enlèvera ensuite comme un charme.

Peler une courge crue est parfois inévitable, si vous voulez en faire des cubes pour un mijoté ou une confiture, ou des bâtonnets pour des frites. Dans ce cas, utilisez un couteau économe, un couteau d'office ou un couteau au manche et à la lame robustes, selon le degré de résistance de la courge.

Les courges Small Sugar et Butternut se pèlent relativement bien avec un couteau économe. C'est encore plus facile si on les attendrit au préalable. Pour ce faire, piquez-les à plusieurs endroits, puis chauffez-les pendant 15 minutes au four conventionnel à 190 °C (375 °F) ou de 3 à 4 minutes au micro-ondes à intensité maximale. Attendez qu'elles aient légèrement tiédi avant de les peler.

Si vous devez peler des courges crues à la peau plutôt dure et parfois bosselée, vous n'avez pas le choix, vous devez utiliser un bon couteau robuste. Quand vous pelez les courges ou que vous les coupez en quartiers, soyez prudent pour éviter les blessures. Pour plus de stabilité, placez toujours le côté tranché de la courge sur la planche à découper avant de manier le couteau.

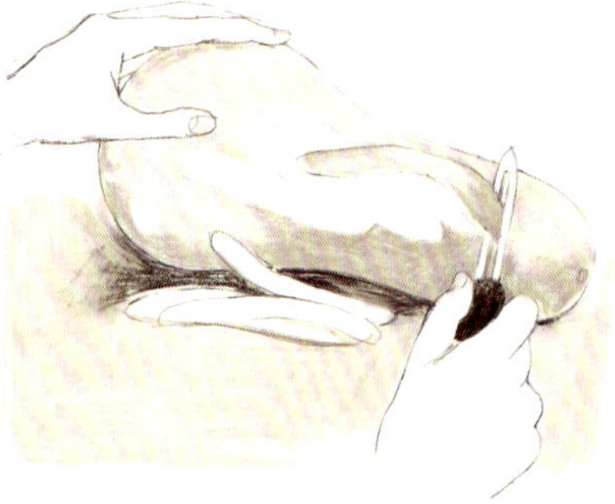

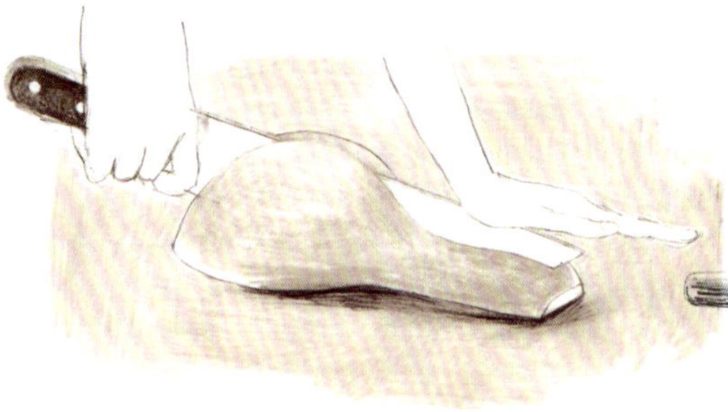

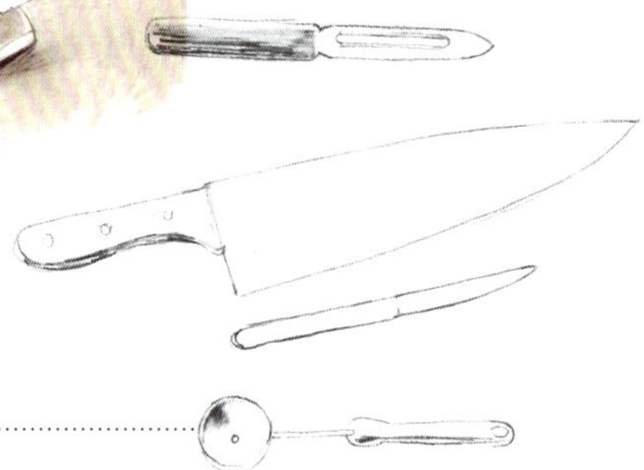

LES MANGER TOUTES CRUES

COURGES D'ÉTÉ

N'hésitez pas à manger les courges d'été crues : entières, en bâtonnets, en julienne ou en lamelles, nature, à la croque au sel, avec une trempette ou une vinaigrette, dans un sandwich ou une salade, par exemple.

En plus de réduire l'amertume des courges d'été, l'ajout de sel donne une saveur plus intense qui va bien au-delà du goût salé. Pour ce faire, ajoutez ½ à 1 c. à café (½ à 1 c. à thé) de sel à 500 g (env. 1 lb) de courges d'été coupées, mélangez bien, laissez reposer, égouttez dans une passoire pendant au moins 30 minutes, rincez, au besoin, puis épongez.

Les courges d'été (à peau verte) changent de couleur lorsqu'elles sont en contact prolongé avec un ingrédient acide. La chlorophylle de leur peau passe du vert clair au vert olive, une couleur beaucoup moins appétissante. L'ajout de vinaigrette au dernier moment sur les courgettes vertes, sur les Ronde de Nice et sur les zucchinis Romanesco permet d'éviter ce désagrément.

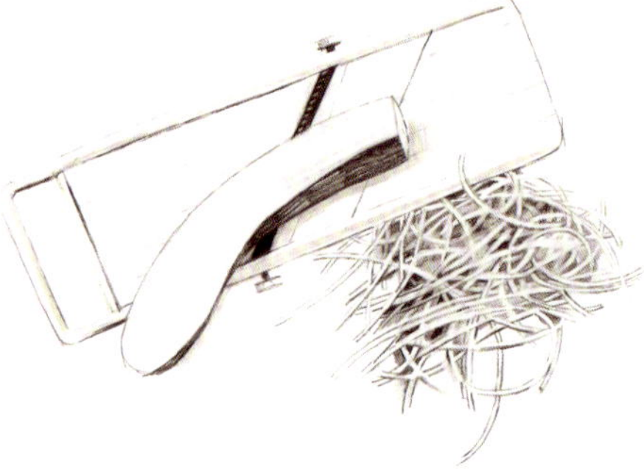

COURGES D'HIVER

Même si, en principe, toutes les courges d'hiver se mangent crues, certaines s'y prêtent mieux que d'autres.

La Butternut et la Delicata sont particulièrement savoureuses crues. En plus de leur goût et de leur texture intéressante, elles ont une peau relativement plus facile à peler. Pour que les courges crues aient une texture bien croquante, il est préférable de les couper en julienne ou en allumettes (au couteau ou à la mandoline), plutôt que de les râper. Vous pouvez les utiliser à la place des carottes dans une salade de chou ou de papaye verte.

LEUR DONNER DE LA CHALEUR

LES COURGES D'ÉTÉ

À la cuisson, on cherche à attendrir les courges d'été, mais pas trop, car elles sont meilleures un peu croquantes. D'ailleurs, plus la cuisson est longue, plus la belle couleur vert clair de ces courges passe au vert olive. Privilégiez alors les cuissons rapides, comme celle des sautés.

La texture des courges d'été fait en sorte qu'elles peuvent être cuites sans matières grasses.

Les courges d'été peuvent être braisées, sautées, cuites au four, au barbecue ou à la vapeur. La cuisson intensifie leur goût subtil de noix. Ingrédient indispensable de la ratatouille, elles ajoutent couleur et texture aux soupes. Farcies ou embrochées, elles font un très bel effet. Une fois râpées, elles ajoutent du moelleux aux boulettes de viande et aux muffins.

Souvent apprêtées frites dans une pâte à beignet ou tempura, les fleurs de courgette sont tout aussi délicieuses farcies et cuites au four ou à la vapeur, ou encore incorporées aux soupes ou aux omelettes. Avant de les cuisiner, enlevez le pistil à l'intérieur et, au besoin, nettoyez-les avec du papier essuie-tout légèrement humide.

LES COURGES D'HIVER

Vous pouvez cuire les courges d'hiver de plusieurs façons : au four, au micro-ondes, à la vapeur, en gratin, les sauter ou les faire mijoter. La chaleur accentue leurs arômes et leur côté moelleux. Vous pouvez les manger nature, en accompagnement, incorporées à divers plats comme les soupes, les ragoûts, les omelettes, les muffins ou les biscuits. Au besoin, elles peuvent même être dissimulées, râpées ou en purée, dans des recettes comme la sauce à spaghetti. Elles peuvent, à l'occasion, remplacer les carottes, les pommes de terre et les patates douces.

La cuisson des courges d'hiver au four est particulièrement intéressante, d'abord parce qu'elles est simple, ensuite parce qu'elle concentre les saveurs et ajoute des arômes issus de la caramélisation.

Pour cuire une courge d'hiver au four, coupez-la en 2 ou en 4, selon sa taille, puis retirez ses graines et filaments à l'aide d'une cuillère parisienne ou cuillère à pamplemousse. Déposez-la, côté coupé sur une plaque de cuisson (couverte ou non de papier parchemin), sans ajouter d'eau. La cuisson directement sur la plaque favorise davantage la caramélisation et, même sans papier parchemin, le nettoyage de la plaque est facile. Il n'est pas nécessaire de couvrir la courge de papier d'aluminium ou d'y pratiquer d'incisions. Mettez ensuite la plaque au four, à 190 °C (375 °F), sans attendre que le four ait atteint sa température. Insérez la pointe d'un couteau dans la chair, si elle est tendre, la courge est cuite. De plus, l'apparition d'un peu de liquide sur la plaque est souvent le signe d'une chair suffisamment tendre. Prévoyez de 30 à 45 minutes de cuisson (courge poivrée et Butternut) ou jusqu'à 1 ½ heure (courge plus ferme, comme la Hubbard bleue), selon la variété, la grosseur et le degré de maturité de la courge. La courge ainsi cuite, non assaisonnée, pourra servir à faire de la purée, ingrédient de base pour des recettes salées ou sucrées. Pour faire des provisions et sauver du temps, faites cuire plusieurs courges à la fois sur autant de plaques que peut contenir votre four. Vous pouvez aussi, si désiré, assaisonner les courges d'huile d'olive, de fines herbes, d'épices, d'ail, de sel et de poivre, avant la cuisson.

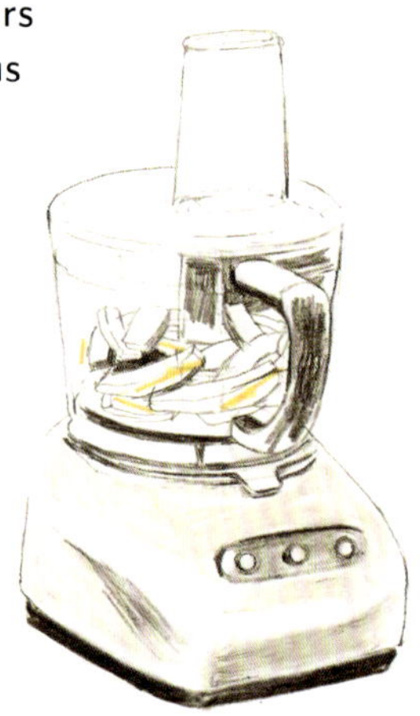

Quand vous avez peu de temps et seulement de petites quantités à cuire, la cuisson au micro-ondes peut être un bon choix. Déposez la courge en morceaux dans un contenant que vous recouvrez de pellicule plastique en soulevant un des coins. La durée de cuisson varie selon la quantité de courge. Pour une courge entière, comme la courge spaghetti, comptez de 10 à 15 minutes à intensité maximale. Si la courge est laissée entière, faites-y des incisions pour éviter les brûlures, car la vapeur peut causer une explosion lors de la coupe.

Après la cuisson, selon la finesse désirée, écrasez la chair des courges à la fourchette ou passez-les au presse-purée, au robot culinaire ou au mélangeur.

RÉCONFORTANTES PURÉES

Les purées de courges d'hiver offrent de nombreuses possibilités. Outre leur utilisation dans les potages, les muffins et les desserts, elles sont parfaites servies nature, pour remplacer la purée de pommes de terre. Les courges à la chair plus sèche ou qui contiennent moins d'eau n'ont qu'à être assaisonnées (sel, poivre, piment de Cayenne, muscade, oignons verts, ciboulette, beurre, huile d'olive, gras de canard, fromage, beurre noisette ou crème sure, par exemple) après avoir été transformées en purée. Parmi les courges dont la chair est sèche, on trouve les courges Ambercup, Buttercup, Futtsu, Sweet Dumpling, Marina di Chioggia et Hubbard bleue.

Les purées de courges moins sèches ou qui contiennent plus d'eau, comme la purée de courge poivrée, de Small Sugar, de Butternut et de Sucrine du Berry, sont parfaites pour préparer des sauces, des potages, des pains et des gâteaux, sans qu'on ait à les transformer. Toutefois, si vous voulez obtenir une purée plus épaisse, 3 solutions sont possibles : 1. y mélanger des ingrédients plus secs, comme des flocons de pomme de terre, de la farine, des pommes de terre farineuses ; 2. les égoutter plusieurs heures dans un tamis fin, ce qui entraîne une perte de saveur ou 3. les assécher en les chauffant dans un poêlon, à feu vif, tout en les remuant fréquemment. Plus la surface du poêlon est grande, plus l'évaporation est rapide.

Combinez vos purées avec du céleri-rave, de la patate douce, du topinambour, des carottes, du rutabaga ou du panais, et vous obtiendrez autant de façons de les mettre en valeur.

CULTIVER L'HARMONIE

LES COURGES D'ÉTÉ

Voici quelques-uns des meilleurs partenaires pour accompagner la saveur délicate des courges d'été : aneth, beurre, ciboulette, citron, cumin, fromage de chèvre, huile d'olive, huile de noix, menthe, parmesan, pignons, oignon, origan, poivron, sauce soya, tomate et vinaigre balsamique.

LES COURGES D'HIVER

Pour rehausser la saveur des courges d'hiver, peu d'ingrédients suffisent. Le principe est d'en ajouter juste assez, sans masquer les arômes naturels des courges. Quelques coups de cœur : ail, cardamome, cari, cheddar, cinq-épices chinois, gingembre frais, gruyère, noix variées, poireau, safran, sauces et pâtes pimentées, sirop d'érable, vanille et vinaigre de cidre.

LES GRAINES, PETIT TRÉSOR CHÉRI DES COURGES D'HIVER

Les graines de toutes les courges d'hiver se mangent. Il suffit d'abord de les libérer des filaments, de les rincer et de les éponger sur un linge propre. Enduites ou non d'huile, nature ou assaisonnées, vous pouvez les cuire ensuite sur une plaque, au four, à 175 °C (350 °F), jusqu'à ce qu'elles soient légèrement dorées. Le temps de cuisson varie selon la dimension de la graine et l'épaisseur de l'écale. Par exemple, calculez environ 5 minutes pour les graines de courge poivrée, 15 minutes pour les graines de Butternut et 25 minutes pour les graines de citrouille. Elles ont un maximum de saveur peu de temps après avoir été grillées.

La saveur des graines de citrouille vendues crues et écalées — ou des graines sans tégument, commes celles de la courge Lady Godiva — s'intensifie lorsqu'elles sont grillées sur une plaque. Cuites au four à 175 °C (350 °F), elles seront dorées au bout de 5 à 7 minutes. Elles sont délicieuses entières, pour garnir les yogourts, les desserts et les céréales granola ou pour remplacer les noix dans les recettes. Elles constituent aussi un vrai régal, nature, grillées ou en collation pour accompagner un morceau de cheddar ou de gruyère. Moulues, elles donnent beaucoup de saveur aux chapelures, aux pestos et aux farces.

Comme les graines de citrouille peuvent devenir rances, il vaut mieux conserver les graines crues au réfrigérateur ou au congélateur. Dans ce dernier cas, comptez quelques minutes supplémentaires pour les griller.

[...] J'AIMERAIS MIEUX M'ASSEOIR SUR UNE CITROUILLE ET L'AVOIR À MOI SEUL, QU'ÊTRE PRESSÉ PAR LA FOULE SUR UN COUSSIN DE VELOURS. [...]

Walden ou la vie dans les bois, Henry David Thoreau (1854)
Traduction par Louis Fabulet, 1922

S'ENGAGER

75 recettes à expérimenter comme autant d'invitations gourmandes. Plaisirs garantis.

Note au sujet des recettes

Chacune des courges de ce livre est représentée dans au moins une recette. Les recettes qui demandent des courges plus difficiles à trouver ont, sauf exception, au moins une variante dans laquelle figure une courge plus facile à trouver.

PRÉPARATION : 10 MINUTES
RÉFRIGÉRATION : 1 HEURE
DONNE 325 ML (1 ⅓ TASSE) DE TREMPETTE

COURGES D'ÉTÉ EN CRUDITÉS ET TREMPETTE À L'AVOCAT

- COURGES D'ÉTÉ (COURGETTES, PÂTISSONS, COUTORS ET AUTRES)

La trempette

- LA CHAIR D'UN AVOCAT
- 230 G (1 TASSE) DE YOGOURT GREC NATURE
- 1 C. À SOUPE DE JUS DE CITRON
- 1 À 2 C. À CAFÉ (1 À 2 C. À THÉ) D'ANETH FRAIS, CISELÉ
- SEL AU GOÛT
- 2 OIGNONS VERTS, ÉMINCÉS

1. **AU ROBOT CULINAIRE**, réduire l'avocat en purée. Ajouter le yogourt grec, le jus de citron, l'aneth et le sel. Bien mélanger.
2. **VERSER LA PURÉE DANS UN BOL**, ajouter les oignons verts et bien mélanger. Réfrigérer pendant au moins 1 heure.
3. **COUPER LES COURGES** en 2 ou en bâtonnets, selon leur forme. Enveloppées d'un linge humide, elles peuvent se conserver jusqu'à 3 heures au réfrigérateur.
4. **AU MOMENT DE SERVIR**, disposer les courges dans un plat de service et les accompagner de trempette.

Vous pouvez faire cet amuse-gueule frais et léger à l'avance. Alors, quand vos invités arriveront, vous pourrez vous consacrer à eux. / À défaut de yogourt grec nature, égouttez du yogourt nature dans un tamis très fin pendant quelques heures. / S'il vous reste de la trempette, servez-la avec du poisson grillé ou poché, elle l'accompagnera à merveille.

PRÉPARATION : 20 MINUTES
ATTENTE : 45 MINUTES
CUISSON : 12 MINUTES
DONNE 4 PORTIONS OU 24 BOULETTES

BOULETTES DE PORC ET DE COURGETTES AU BARBECUE

- 2 COURGETTES
- 1 ½ C. À CAFÉ (1 ½ C. À THÉ) DE SEL
- 2 C. À SOUPE DE CHAPELURE
- 1 C. À CAFÉ (1 C. À THÉ) DE GRAINES DE FENOUIL, MOULUES
- 1 C. À CAFÉ (1 C. À THÉ) DE GRAINES DE CUMIN, MOULUES
- ⅛ C. À CAFÉ (⅛ C. À THÉ) DE PIMENT DE CAYENNE
- 2 GOUSSES D'AIL, PRESSÉES
- LE ZESTE DE 1 CITRON
- 2 C. À SOUPE DE PERSIL PLAT, CISELÉ
- 450 G (1 LB) DE PORC HACHÉ MI-MAIGRE

1. **RÂPER GROSSIÈREMENT** les courgettes dans une passoire. Ajouter 1 c. à café (1 c. à thé) de sel et mélanger. Les laisser dégorger pendant environ 45 minutes.

2. **DANS UN GRAND BOL**, mélanger la chapelure avec les graines de fenouil et les graines de cumin, le piment de Cayenne, l'ail, le zeste de citron, le persil et ½ c. à café (½ c. à thé) de sel.

3. **RINCER LES COURGETTES RÂPÉES** à l'eau froide. Retirer l'excès d'eau en pressant d'abord les courgettes dans la main. Puis les déposer sur un linge propre et tordre le linge au dessus du lavabo. Ajouter les courgettes et la viande au mélange d'épices. Bien mélanger. Façonner des boulettes d'environ 1 ½ c. à soupe. Les réfrigérer jusqu'au moment de les cuire.

4. **PRÉCHAUFFER LE BARBECUE** à température moyenne. Huiler la grille du barbecue et déposer les boulettes sur la grille. Les cuire de 10 à 12 minutes ou jusqu'à ce que la viande soit complètement cuite, en les retournant à quelques reprises. Servir avec une sauce tomate ou avec du tzatziki.

L'ajout de courgettes râpées donne une viande hachée plus légère et plus moelleuse. / Au lieu de façonner de petites boulettes, faites-en de plus grosses et préparez des hamburgers. Vous pouvez aussi remplacer le porc par de la dinde, du veau, de l'agneau ou par la viande de votre choix et ajouter de la menthe, de la coriandre ou d'autres fines herbes. / Plutôt que de cuire les boulettes au barbecue, cuisez-les dans une poêle antiadhésive, sur la cuisinière, à feu moyen, avec très peu d'huile. / Vous pouvez aussi remplacer les courgettes par d'autres types de courge : faites votre choix parmi toutes les autres courges d'été.

PRÉPARATION : 25 MINUTES
CUISSON : 30 MINUTES (35 MINUTES POUR DES MUFFINS MOYENS)
DONNE 24 MUFFINS MINIATURES (OU 12 MOYENS)

MINI-MUFFINS AUX COURGETTES, À LA FETA ET AU POIVRON ROUGE

- 1 POIVRON ROUGE, COUPÉ EN 2 ET ÉPÉPINÉ
- 125 ML (½ TASSE) DE LAIT
- LE ZESTE DE ½ CITRON
- 1 C. À SOUPE DE JUS DE CITRON
- 260 G (2 TASSES) DE FARINE TOUT USAGE NON BLANCHIE
- 1 C. À SOUPE DE POUDRE À PÂTE (LEVURE CHIMIQUE)
- 1 C. À SOUPE DE SUCRE
- ½ C. À CAFÉ (½ C. À THÉ) DE SEL
- ½ C. À CAFÉ (½ C. À THÉ) DE POIVRE DU MOULIN
- 2 ŒUFS
- 3 C. À SOUPE D'HUILE D'OLIVE
- 80 G (½ TASSE) DE FETA, ÉMIETTÉE
- 165 G (1 TASSE) DE COURGETTES GROSSIÈREMENT RÂPÉES
- 1 C. À SOUPE D'ORIGAN FRAIS, ÉMINCÉ

1. **ALLUMER LE GRIL DU FOUR.** Déposer le poivron sur une plaque de cuisson, le côté coupé vers le bas. Cuire de 7 à 10 minutes sous le gril, jusqu'à ce que la peau soit bien noircie. Laisser refroidir le poivron dans un contenant hermétique. Le peler et le couper en fines lanières.

2. **PRÉCHAUFFER LE FOUR** à 175 °C (350 °F). Beurrer ou vaporiser d'huile un moule à muffins miniatures (ou moyens). Dans un petit bol, verser le lait, puis ajouter le zeste et le jus de citron. Réserver.

3. **DANS UN GRAND BOL**, mélanger la farine, la poudre à pâte, le sucre, le sel et le poivre. Faire un puits au centre des ingrédients secs. Réserver.

4. **DANS UN BOL MOYEN**, battre légèrement les œufs. Ajouter le mélange lait-citron, l'huile, la feta, les courgettes, le poivron rouge et l'origan. Mélanger. Verser les ingrédients liquides au milieu des ingrédients secs. Avec une cuillère en bois, remuer juste assez, c'est-à-dire jusqu'à ce que les ingrédients secs soient humectés.

5. **RÉPARTIR LA PÂTE** dans le moule. Cuire au four de 15 à 20 minutes (20 à 25 minutes pour des muffins moyens), jusqu'à ce qu'un cure-dent inséré au centre d'un muffin en ressorte propre. Passer les muffins sous le gril, si désiré, pour les faire dorer. Attendre un peu avant de les démouler et les laisser refroidir sur une grille.

Vous pouvez servir ces mini-muffins à l'apéro avec un verre de vin blanc ou pour accompagner une belle salade verte. / Pour métamorphoser les muffins du lendemain en une bouchée originale, coupez-les en 2, puis faites-les griller dans un gril à panini, un délice ! / Vous pouvez aussi remplacer les courgettes par d'autres types de courge : faites votre choix parmi toutes les autres courges d'été.

PRÉPARATION : 5 MINUTES
CUISSON : 7 MINUTES
DONNE 310 ML (1 ¼ TASSE)

GRAINES DE CITROUILLE ÉPICÉES

- ½ C. À CAFÉ (½ C. À THÉ) DE PAPRIKA FUMÉ DOUX
- ½ C. À CAFÉ (½ C. À THÉ) DE CUMIN MOULU
- ¼ C. À CAFÉ (¼ C. À THÉ) DE CORIANDRE MOULUE
- ¼ C. À CAFÉ (¼ C. À THÉ) DE SEL CASHER
- UNE PINCÉE DE PIMENT DE CAYENNE
- UNE PINCÉE DE POUDRE D'AIL
- 145 G (1 TASSE) DE GRAINES DE CITROUILLE, ÉCALÉES
- ½ C. À CAFÉ (½ C. À THÉ) D'HUILE DE CANOLA

1. **PRÉCHAUFFER LE FOUR** à 175 °C (350 °F). Dans un bol, mélanger le paprika, le cumin, la coriandre, le sel, le piment de Cayenne et la poudre d'ail. Réserver.
2. **DANS UN AUTRE BOL,** mélanger les graines de citrouille et l'huile. Y verser les épices et bien mélanger.
3. **RÉPARTIR LES GRAINES** sur une plaque de cuisson. Les cuire au four de 5 à 7 minutes, jusqu'à ce qu'elles soient légèrement grillées. Les laisser refroidir et servir. Peuvent se conserver plusieurs jours dans un contenant hermétique.

Elles sont délicieuses à l'apéro et font aussi une garniture originale sur un potage ou une salade. / Le saviez-vous ? Une citrouille de 4 kg (9 lb) peut contenir 145 g (1 tasse) de graines. / Même avec leurs écales, les graines de citrouille sont bonnes. D'ailleurs, peu importe le type de courge, toutes les graines se mangent. Si vous en avez envie, vous pouvez faire griller des graines de courge poivrée ou des graines de courge Butternut. / Comment faire ? Détachez les filaments, rincez les graines, égouttez-les, puis épongez-les bien sur un linge propre. Ensuite, huilez-les légèrement, salez-les, si désiré, et faites-les dorer au four, de 5 à 25 minutes, selon la grosseur de la graine et l'épaisseur de l'écale. Elles ont un maximum de saveur peu de temps après avoir été grillées. / Vous pouvez aussi remplacer les graines de citrouille écalées par des graines de Lady Godiva.

PRÉPARATION : 5 MINUTES
CUISSON : 25 MINUTES
DONNE ENVIRON 60 CHIPS OU 4 PORTIONS

CHIPS DE COURGE BUTTERCUP

- HUILE D'ARACHIDE
- ¼ COURGE BUTTERCUP, GRAINES ET FILAMENTS RETIRÉS
- FLEUR DE SEL
- PIMENT D'ESPELETTE (FACULTATIF)

1. **VERSER L'HUILE D'ARACHIDE** dans la friteuse, puis la chauffer à 175 °C (350 °F). À l'aide d'une mandoline ou d'un couteau économe, faire de fines tranches de courge. Ne pas les rincer.
2. **DÉPOSER LES TRANCHES DE COURGE** une à une dans l'huile très chaude, puis les retourner et cuire jusqu'à ce qu'elles soient bien dorées.
3. **LES ÉGOUTTER SUR DU PAPIER ESSUIE-TOUT.** Les saler et les saupoudrer de piment d'Espelette. Les laisser refroidir avant de servir.

Vous ferez sensation en servant ces chips à l'apéro avec une trempette mayo-yogourt nature et wasabi et une bière à la citrouille. / Choix santé : Même sans déshydrateur, vous pouvez faire des chips de courge séchée savoureuses. Répartissez les tranches de courge entre plusieurs plaques de cuisson couvertes de papier parchemin et faites sécher le tout au four à convection à 80 °C (175 °F) ou au four conventionnel à 95 °C (200 °F) pendant environ 1 ½ heure, selon l'épaisseur des tranches. / Vous pouvez aussi remplacer la courge Buttercup par de la courge Ambercup.

PRÉPARATION : 5 MINUTES
DONNE 310 ML (1 ¼ TASSE)

TREMPETTE DE COURGE BUTTERNUT AU SÉSAME

La trempette

- 250 G (1 TASSE) DE PURÉE DE COURGE BUTTERNUT (DÉJÀ PRÉPARÉE, VOIR P. 48)
- 3 C. À SOUPE DE BEURRE DE SÉSAME (TAHINI)
- ¾ C. À CAFÉ (¾ C. À THÉ) DE CUMIN MOULU
- ½ C. À CAFÉ (½ C. À THÉ) DE VINAIGRE DE CIDRE OU DE VINAIGRE D'ÉRABLE
- 1 GOUSSE D'AIL, PRESSÉE
- QUELQUES GOUTTES DE TABASCO
- SEL ET POIVRE DU MOULIN

La garniture

- GRAINES DE SÉSAME GRILLÉES

1. **MÉLANGER TOUS LES INGRÉDIENTS** de la trempette au robot culinaire, jusqu'à l'obtention d'un mélange onctueux. Rectifier l'assaisonnement, au besoin.
2. **AU MOMENT DE SERVIR**, garnir de graines de sésame grillées.

Vous pouvez servir cette trempette extra légère avec des pointes de pain pita grillées. Un véritable délice ! / Pour obtenir 250 g (1 tasse) de purée de courge Butternut, il faut environ ½ courge. / Si vous ajoutez des pois chiches à la trempette, elle ressemblera alors un peu à du hoummos. / Vous pouvez aussi remplacer la purée de courge Butternut par de la purée d'autres types de courge : courge poivrée, Delicata, Ambercup, Buttercup, Hubbard bleue, Marina di Chioggia, Pink Jumbo Banana ou potimarron.

PRÉPARATION : 10 MINUTES
CUISSON : 7 MINUTES
REFROIDISSEMENT : 2 HEURES
DONNE DE 4 À 6 PORTIONS

SOUPE FROIDE AUX COURGETTES, À LA MENTHE ET AU KÉFIR

- 1 KG (2 ¼ LB) DE COURGETTES
- 12 FEUILLES DE MENTHE FRAÎCHE
- ⅛ C. À CAFÉ (⅛ C. À THÉ) DE CUMIN
- QUELQUES GOUTTES DE TABASCO
- SEL, AU GOÛT
- UN CONTENANT DE 454 ML (16 OZ) DE KÉFIR NATURE

La garniture

- HUILE D'OLIVE EXTRA-VIERGE
- FEUILLES DE MENTHE FRAÎCHE, CISELÉES

1. **PLONGER LES COURGETTES ENTIÈRES** dans l'eau bouillante salée et les cuire de 5 à 7 minutes, jusqu'à ce qu'elles soient tendres. Les refroidir sous l'eau fraîche, puis les égoutter.
2. **PASSER AU MÉLANGEUR** les courgettes, la menthe, le cumin et le tabasco, jusqu'à l'obtention d'une texture lisse. Saler, au goût. Mettre au réfrigérateur pendant au moins 2 heures. Ajouter le kéfir et rectifier l'assaisonnement, au besoin.
3. **AU MOMENT DE SERVIR**, arroser d'un filet d'huile d'olive ou garnir de feuilles de menthe.

Légère et rafraîchissante, c'est la soupe idéale pour les jours de canicule. Si vous la servez dans des bols refroidis au congélateur, c'est encore mieux. / Le kéfir, qui est reconnu pour ses bienfaits sur la santé, possède plus de 30 espèces de micro-organismes. Ses ferments lactiques et ses levures transforment le lactose du lait en acide lactique et en alcool, d'où son petit côté pétillant. / Environ 8 petites courgettes pèsent 1 kg (2 ¼ lb). / Vous pouvez remplacer les courgettes par d'autres types de courge : Ronde de Nice ou zucchini Romanesco.

PRÉPARATION : 10 MINUTES
CUISSON : 10 MINUTES
DONNE 4 PORTIONS

SOUPE AUX COURGETTES ET AU CITRON, À LA GRECQUE

- 1 OIGNON, ÉMINCÉ
- 1 C. À SOUPE D'HUILE D'OLIVE
- 2 GOUSSES D'AIL, PRESSÉES
- 1 LITRE (4 TASSES) DE BOUILLON DE POULET
- 250 G (1 ½ TASSE) DE COURGETTES RÂPÉES
- 100 G (⅔ TASSE) DE FETA, ÉMIETTÉE
- 1 C. À SOUPE D'ANETH FRAIS, CISELÉ
- LE JUS ET LE ZESTE DE 1 CITRON
- SEL ET POIVRE DU MOULIN

1. **DANS UNE GRANDE CASSEROLE**, à feu moyen, cuire l'oignon dans l'huile, de 3 à 4 minutes, en remuant de temps à autre, jusqu'à ce qu'il soit transparent. Ajouter l'ail et poursuivre la cuisson pendant 30 secondes.
2. **VERSER LE BOUILLON**, ajouter les courgettes, puis porter à ébullition. Laisser mijoter pendant 3 minutes, à feu moyen-doux.
3. **HORS DU FEU, AJOUTER LA FETA**, l'aneth, le jus et le zeste de citron. Saler légèrement et poivrer, au goût.

Cette soupe aux courgettes est une belle démonstration des affinités qui existent entre courgettes, aneth et citron. / Vous pouvez remplacer les courgettes par d'autres types de courge : faites votre choix parmi toutes les autres courges d'été.

PRÉPARATION : 30 MINUTES
CUISSON : 2 HEURES 45 MINUTES
DONNE DE 12 À 15 PORTIONS

SOUPE À LA CITROUILLE DE DENISE CORNELLIER

- 3 C. À SOUPE DE BEURRE
- 600 G (4 TASSES) D'OIGNONS JAUNES, ÉMINCÉS
- 1,5 LITRE (6 TASSES) DE BOUILLON DE POULET
- UNE CITROUILLE D'ENVIRON 3 KG (6 ½ LB)
- 250 G (4 TASSES) DE CROÛTONS FAITS AVEC DU PAIN DE CAMPAGNE
- 480 G (4 TASSES) DE CHEDDAR FORT, RÂPÉ GROSSIÈREMENT
- 250 ML (1 TASSE) DE CRÈME 35 %
- POIVRE DU MOULIN
- CIBOULETTE CISELÉE (FACULTATIF)

1. **PLACER LA GRILLE DANS LE BAS DU FOUR.** Préchauffer le four à 175 °C (350 °F). Dans une casserole, à feu moyen-doux, faire fondre le beurre et y faire revenir les oignons pendant environ 15 minutes, en remuant de temps à autre, jusqu'à ce qu'ils soient transparents.

2. **ENTRE-TEMPS, DANS UNE GRANDE CASSEROLE,** à feu moyen-vif, porter le bouillon à ébullition et le garder au chaud.

3. **DÉCOUPER UN CHAPEAU** dans le haut de la citrouille, enlever les graines et les filaments. Déposer la citrouille sur une plaque de cuisson couverte de papier parchemin. La remplir, en alternance, de croûtons, d'oignons, de fromage et de crème. Verser le bouillon et poivrer. Couvrir la citrouille de son chapeau. Si l'on manque d'espace, couvrir l'ouverture de la citrouille de papier d'aluminium et cuire le chapeau sur la plaque de cuisson, à côté de la citrouille.

4. **CUIRE AU FOUR** de 2 à 2 ½ heures, jusqu'à ce que la chair de la citrouille se défasse facilement à la fourchette, mais avant que la citrouille s'effondre. À l'aide d'une cuillère, gratter doucement la chair, puis la mélanger à la soupe. Rectifier l'assaisonnement, au besoin. Servir à même la citrouille et garnir de ciboulette.

La talentueuse chef traiteur Denise Cornellier m'a demandé un jour d'animer un atelier sur les courges. Et ce fut le début de ma passion pour les courges. Elle signe une recette très simple, inspirée des chefs Paul Bocuse et Julia Child. Effet spectaculaire et goût de revenez-y garantis ! / Petit extra : Au moment de servir, vous pouvez garnir la soupe de champignons sauvages sautés.

PRÉPARATION : 25 MINUTES
CUISSON : 60 MINUTES
DONNE DE 4 À 5 PORTIONS

POTAGE À LA COURGE BUTTERCUP, GARNITURE DE CANNEBERGES À L'ÉRABLE

- 1 COURGE BUTTERCUP D'ENVIRON 1 KG (2 ¼ LB), COUPÉE EN 2, GRAINES ET FILAMENTS RETIRÉS
- 2 C. À SOUPE DE BEURRE
- 2 ÉCHALOTES, ÉMINCÉES
- 1 GOUSSE D'AIL, PRESSÉE
- 750 ML (3 TASSES) DE BOUILLON DE POULET
- ½ C. À CAFÉ (½ C. À THÉ) DE CINQ-ÉPICES CHINOIS, MOULU
- SEL ET POIVRE DU MOULIN

La garniture

- 200 G (2 TASSES) DE CANNEBERGES FRAÎCHES OU SURGELÉES
- 3 C. À SOUPE DE SIROP D'ÉRABLE
- ½ C. À CAFÉ (½ C. À THÉ) DE GINGEMBRE FRAIS, RÂPÉ FINEMENT

1. **PRÉCHAUFFER LE FOUR** à 190 °C (375 °F). Déposer les demi-courges sur une plaque de cuisson, face coupée sur la plaque. Cuire au four de 20 à 30 minutes, jusqu'à ce qu'elles soient tendres. Les laisser refroidir un peu et en prélever la chair.

2. **DANS UNE GRANDE CASSEROLE**, à feu moyen-doux, faire fondre le beurre et cuire les échalotes de 3 à 4 minutes, en remuant de temps à autre, jusqu'à ce qu'elles soient transparentes.

3. **AJOUTER L'AIL** et poursuivre la cuisson pendant 30 secondes. Ajouter le bouillon, la courge, le cinq-épices, le sel et le poivre. Porter à ébullition et laisser mijoter pendant environ 15 minutes, jusqu'à ce que la courge soit tendre. Passer au mélangeur. Rectifier l'assaisonnement, au besoin. Garder au chaud.

4. **ENTRE-TEMPS, DANS UNE PETITE CASSEROLE**, à feu moyen, cuire les canneberges pendant environ 10 minutes avec 60 ml (¼ tasse) d'eau, le sirop d'érable et le gingembre. Laisser mijoter jusqu'à ce que les canneberges commencent à éclater.

5. **AU MOMENT DE SERVIR**, garnir le potage de la garniture aux canneberges.

Voici un potage élégant pour le temps des Fêtes… et pour toutes les occasions où l'on veut se faire plaisir. / Si vous avez fait provision de courge en purée, remplacez la courge Buttercup entière par 500 g (2 tasses) de purée. / Vous pouvez aussi remplacer la courge Buttercup par d'autres types de courge : Courge poivrée, Delicata, Ambercup, Hubbard bleue, Pink Jumbo Banana, Butternut ou potimarron.

PRÉPARATION : 15 MINUTES
CUISSON : 30 MINUTES
DONNE 8 PORTIONS

POTAGE À LA COURGE MARINA DI CHIOGGIA ET AUX POIS CHICHES

- 2 C. À SOUPE D'HUILE D'OLIVE
- 1 GROS OIGNON, ÉMINCÉ
- 2 GOUSSES D'AIL, PRESSÉES
- 2 C. À CAFÉ (2 C. À THÉ) DE CUMIN, MOULU
- 1 BOÎTE DE POIS CHICHES DE 540 ML (19 OZ), RINCÉS ET ÉGOUTTÉS
- 1,5 LITRE (6 TASSES) DE BOUILLON DE POULET
- SEL ET POIVRE DU MOULIN
- 500 G (2 TASSES) DE PURÉE DE COURGE MARINA DI CHIOGGIA (DÉJÀ PRÉPARÉE, VOIR P. 48)

La garniture

- YOGOURT GREC NATURE
- TABASCO OU AUTRE SAUCE PIMENTÉE, AU GOÛT
- CORIANDRE OU MENTHE FRAÎCHE

1. **DANS UNE GRANDE CASSEROLE,** à feu moyen, chauffer l'huile et cuire l'oignon de 3 à 4 minutes, en remuant de temps à autre, jusqu'à ce qu'il soit transparent.
2. **AJOUTER L'AIL** et le cumin et poursuivre la cuisson 30 secondes, en brassant constamment.
3. **AJOUTER LES POIS CHICHES** et le bouillon. Saler et poivrer, au goût, puis porter à ébullition. Laisser mijoter pendant 15 minutes. Ajouter la purée de courge et poursuivre la cuisson pendant 10 minutes.
4. **PASSER AU MÉLANGEUR.** Ajouter du bouillon, au besoin.
5. **AU MOMENT DE SERVIR,** garnir de yogourt, ajouter quelques gouttes de tabasco et de la coriandre fraîche.

Pour faire de ce potage une soupe-repas, accompagnez-le de pain pita et ajoutez-y quelques cubes de jambon. / Vous pouvez aussi utiliser des cubes de courge crue. Remplacez alors la purée par 500 g (4 tasses) de cubes de courge crue que vous ajouterez en même temps que les pois chiches. / Pour changer, remplacez les fines herbes de la garniture par des graines de sésame grillées. / Vous pouvez aussi remplacer la purée de courge Marina di Chioggia par de la purée d'autres types de courge : Delicata, Ambercup, Buttercup, Hubbard bleue, Pink Jumbo Banana, potimarron, Turban d'Aladin ou Butternut.

PRÉPARATION : 15 MINUTES
CUISSON : 40 MINUTES
DONNE DE 4 À 6 PORTIONS

SOUPE AU BŒUF, À LA COURGE PINK JUMBO BANANA ET À L'AVOINE

- 1 C. À SOUPE D'HUILE D'OLIVE
- 1 PETIT OIGNON, ÉMINCÉ
- 1 GOUSSE D'AIL, PRESSÉE
- 1 LITRE (4 TASSES) DE BOUILLON DE BŒUF
- UNE FEUILLE DE LAURIER, CASSÉE EN 2
- 3 BRINS DE THYM FRAIS
- 2 CAROTTES, PELÉES ET TRANCHÉES
- 2 BRANCHES DE CÉLERI AVEC LES FEUILLES, ÉMINCÉES
- 35 G (⅓ TASSE) DE FLOCONS D'AVOINE À CUISSON RAPIDE
- 300 G (2 TASSES) DE BŒUF CUIT (RÔTI DE PALETTE), COUPÉ EN CUBES OU EFFILOCHÉ
- 300 G (2 TASSES) DE COURGE PINK JUMBO BANANA, PELÉE, GRAINES ET FILAMENTS RETIRÉS ET COUPÉE EN CUBES
- ½ BARQUETTE DE 227 G (8 OZ) DE CHAMPIGNONS, HACHÉS GROSSIÈREMENT
- 60 G (½ TASSE) D'EDAMAMES OU DE PETITS POIS VERTS, SURGELÉS
- SEL ET POIVRE DU MOULIN

1. **DANS UNE GRANDE CASSEROLE**, à feu moyen, chauffer l'huile et y faire dorer l'oignon de 3 à 5 minutes, en remuant de temps à autre.

2. **AJOUTER L'AIL** et cuire 30 secondes. Ajouter le bouillon, la feuille de laurier, le thym, les carottes et le céleri, puis porter à ébullition à feu vif. Réduire à feu doux, couvrir et laisser mijoter 20 minutes.

3. **AJOUTER LES FLOCONS D'AVOINE**, le bœuf, la courge, les champignons et les edamames. Couvrir et porter à ébullition à feu vif. Cuire à découvert de 10 à 15 minutes, à feu moyen, jusqu'à ce que tous les légumes soient tendres. Saler et poivrer. Retirer la feuille de laurier et les brins de thym.

Cette soupe-repas consistante de type chunky est une façon délicieuse de récupérer les restes d'un rôti de palette. Ajoutez du liquide, au besoin. / Vous pouvez remplacer la courge Pink Jumbo Banana par d'autres types de courge : Delicata, Ambercup, Buttercup, Hubbard bleue, Marina di Chioggia, Butternut ou potimarron.

PRÉPARATION : 20 MINUTES
CUISSON : 1 HEURE 5 MINUTES
DONNE 8 PORTIONS

POTAGE À LA COURGE BUTTERNUT DE JOSÉE DI STASIO

TIRÉ ET ADAPTÉ DU LIVRE *À LA DI STASIO*, FLAMMARION, 2004.

- 1 COURGE BUTTERNUT DE 1 KG (2 ¼ LB), NON PELÉE, COUPÉE EN 2, GRAINES ET FILAMENTS RETIRÉS
- 4 GOUSSES D'AIL EN CHEMISE
- 3 C. À SOUPE D'HUILE D'OLIVE
- SEL ET POIVRE DU MOULIN
- 1 GROS OIGNON OU 6 ÉCHALOTES FRANÇAISES, ÉMINCÉS
- 3 C. À SOUPE DE BEURRE
- 2 C. À SOUPE DE GINGEMBRE FRAIS, HACHÉ FINEMENT
- 2 C. À CAFÉ (2 C. À THÉ) DE CARI DOUX
- 1 LITRE (4 TASSES) DE BOUILLON DE POULET OU DE BOUILLON DE LÉGUMES
- 1 BOÎTE DE 398 ML (14 OZ) DE LAIT DE COCO

La garniture

- QUARTIERS DE CITRON VERT
- NOIX DE COCO GRILLÉE

1. **PLACER LA GRILLE** au centre du four. Préchauffer le four à 190 °C (375 °F). Couvrir une plaque de cuisson de papier parchemin ou de papier d'aluminium. Badigeonner la courge et les gousses d'ail d'huile, puis saler et poivrer. Déposer les demi-courges, face coupée sur la plaque. Placer les gousses d'ail dessous. Cuire pendant 45 minutes ou jusqu'à ce que la chair soit tendre. Laisser tiédir les demi-courges et l'ail pendant 10 minutes avant de les peler. Réserver.
2. **DANS UNE MARMITE,** à feu moyen, faire fondre l'oignon dans le beurre pendant 10 minutes, en remuant de temps à autre.
3. **AJOUTER LE GINGEMBRE** et le cari. Poursuivre la cuisson pendant 1 minute. Ajouter la courge, l'ail et le bouillon. Porter à ébullition à feu vif, réduire le feu et laisser mijoter pendant 10 minutes, à découvert.
4. **PASSER LE TOUT** au mélangeur. Verser le mélange dans la marmite, ajouter le lait de coco et réchauffer. Allonger le potage de bouillon, au besoin.
5. **SERVIR DANS DES ASSIETTES CREUSES** chaudes et garnir de quartiers de citron vert ou de noix de coco grillée.

De nombreux Québécois ne jurent que par le potage à la courge de la célèbre animatrice-télé Josée di Stasio. Voici sa version contenant du lait de coco. Pour obtenir un plat encore plus raffiné, garnissez-le de pétoncles saisis.

1.2
1.0
0.8
0.6
0.4
5
4
3

PRÉPARATION : 20 MINUTES
CUISSON : 25 MINUTES
DONNE 6 PORTIONS

POTAGE À LA COURGE BUTTERNUT ET AUX AMANDES, DE TYPE ANDALOU

- 2 C. À SOUPE D'HUILE D'OLIVE
- 1 BLANC DE POIREAU, ÉMINCÉ
- 1 LITRE (4 TASSES) DE BOUILLON DE POULET
- 625 G (4 TASSES) DE GROS MORCEAUX DE COURGE BUTTERNUT
- 50 G (½ TASSE) D'AMANDES MOULUES
- QUELQUES BRINS DE SAFRAN (FACULTATIF)
- SEL ET POIVRE BLANC MOULU
- 125 À 160 ML (½ À ⅔ TASSE) DE JUS D'ORANGE

La garniture

- ZESTE D'ORANGE
- AMANDES EFFILÉES GRILLÉES

1. **DANS UNE GRANDE CASSEROLE**, à feu moyen-doux, chauffer l'huile et cuire le poireau, de 3 à 4 minutes, en remuant de temps à autre, jusqu'à ce qu'il soit transparent.

2. **AJOUTER LE BOUILLON**, la courge, les amandes moulues et le safran, puis porter à ébullition. Laisser mijoter à découvert, de 15 à 20 minutes, jusqu'à ce que la courge soit tendre.

3. **PASSER AU MÉLANGEUR** et tamiser, si désiré. Saler et poivrer, au goût. Bien réchauffer. Ajouter le jus d'orange.

4. **SERVIR ET GARNIR** de zeste d'orange et d'amandes grillées.

Les amandes moulues donnent une texture encore plus veloutée et crémeuse à ce potage raffiné. / Vous pouvez remplacer les cubes de courge par 625 g (2 ½ tasses) de purée de courge. Réduisez alors le temps de cuisson de 10 minutes. / Vous pouvez aussi remplacer la courge Butternut par d'autres types de courge : Pink Jumbo Banana ou potimarron.

PRÉPARATION : 15 MINUTES
CUISSON : 25 MINUTES
DONNE 6 PORTIONS

POTAGE DE COURGE BUTTERNUT AU SARRASIN

- 2 C. À SOUPE D'HUILE D'OLIVE OU D'HUILE DE CANOLA
- 1 OIGNON, ÉMINCÉ
- 1 GOUSSE D'AIL, PRESSÉE
- ½ COURGE BUTTERNUT DE 1 KG (2 ¼ LB), PELÉE, GRAINES ET FILAMENTS RETIRÉS ET COUPÉE EN CUBES
- 1 LITRE (4 TASSES) DE BOUILLON DE POULET
- 3 C. À SOUPE DE KACHA (SARRASIN GRILLÉ)
- SEL ET POIVRE DU MOULIN

La garniture

- YOGOURT NATURE OU CRÈME SURE
- MAQUEREAU FUMÉ, DÉCHIQUETÉ (FACULTATIF)

1. **DANS UNE GRANDE CASSEROLE,** à feu moyen, chauffer l'huile de 3 à 4 minutes et cuire l'oignon, en remuant de temps à autre, jusqu'à ce qu'il soit transparent.
2. **AJOUTER L'AIL** et poursuivre la cuisson pendant 1 minute. Ajouter la courge, le bouillon, 2 c. à soupe de kacha et porter à ébullition. Poursuivre la cuisson à découvert, en laissant mijoter pendant environ 20 minutes, jusqu'à ce que la courge soit tendre.
3. **ENTRE-TEMPS, DANS UN PETIT POÊLON,** faire griller le reste de la kacha à sec, à feu moyen. Réserver.
4. **PASSER LES LÉGUMES** et le bouillon au mélangeur. Saler et poivrer, au goût.
5. **GARNIR DE YOGOURT,** de maquereau fumé et de la kacha grillée réservée, puis servir.

Ce potage aux allures campagnardes est une façon agréable d'introduire les grains de sarrasin dans votre alimentation. Vous trouverez de la kacha dans les épiceries bios. / Vous pouvez remplacer les cubes de courge par 500 g (2 tasses) de purée de courge que vous ajouterez 10 minutes avant la fin de la cuisson. / Vous pouvez aussi remplacer la courge Butternut par d'autres types de courge : Delicata, Ambercup, Buttercup, Hubbard bleue, Marina di Chioggia, Pink Jumbo Banana ou potimarron.

PRÉPARATION : 20 MINUTES
CUISSON : 40 MINUTES
DONNE 4 PORTIONS OU 10 PETITES TOURS

PETITES TOURS DE COURGETTES ET DE TOMATES GRATINÉES

- 2 C. À SOUPE D'HUILE D'OLIVE
- 1 GROSSE GOUSSE D'AIL, PRESSÉE
- 1 À 2 COURGETTES JAUNES OU VERTES D'ENVIRON 4 CM (1 ½ PO) DE DIAMÈTRE, COUPÉES EN 30 TRANCHES D'ENVIRON 0,5 CM (¼ PO) D'ÉPAISSEUR
- 3 À 4 TOMATES ROUGES D'ENVIRON 4 CM (1 ½ PO) DE DIAMÈTRE, COUPÉES 20 TRANCHES D'ENVIRON 0,5 CM (¼ PO) D'ÉPAISSEUR
- SEL ET POIVRE DU MOULIN
- 1 C. À SOUPE DE BASILIC FRAIS, CISELÉ
- 1 C. À CAFÉ (1 C. À THÉ) D'ORIGAN FRAIS, CISELÉ
- 50 G (ENV. 2 OZ) DE FROMAGE PROVOLONE COUPÉ EN 10 TRANCHES FINES

1. **PRÉCHAUFFER LE FOUR** à 175 °C (350 °F). Dans un petit bol, mélanger l'huile et l'ail.
2. **DANS UN PLAT À GRATIN HUILÉ,** disposer en alternance 3 tranches de courgette et 2 tranches de tomate l'une sur l'autre pour former 10 petites tours, en commençant et en finissant par la courgette. À chaque étage, badigeonner d'huile à l'ail, saler et poivrer, puis parsemer de basilic et d'origan. Quand les tours seront formées, couvrir chacune d'entre elles d'une tranche de fromage.
3. **CUIRE AU FOUR** de 35 à 40 minutes, jusqu'à ce que les légumes soient tendres et que le fromage soit grillé.

Ces petites tours sont excellentes en tapas, en entrée ou pour accompagner viande, volaille ou poisson grillé. Le jus de cuisson est exquis, n'hésitez pas à y tremper du pain croûté. / Vous pouvez remplacer les courgettes par du zucchini Romanesco.

PRÉPARATION : 15 MINUTES
CUISSON : 20 MINUTES
DONNE 4 PORTIONS

FLEURS DE COURGETTE FARCIES

- 130 G (½ TASSE) DE RICOTTA
- 3 C. À SOUPE DE PARMESAN, FINEMENT RÂPÉ
- 1 C. À SOUPE DE MENTHE FRAÎCHE, CISELÉE
- 1 C. À SOUPE DE CIBOULETTE, CISELÉE
- UNE PINCÉE DE SAFRAN (FACULTATIF)
- SEL ET POIVRE DU MOULIN
- 12 FLEURS DE COURGETTE AVEC LEUR FRUIT, SI POSSIBLE
- 12 BRINS DE CIBOULETTE
- HUILE D'OLIVE

1. **PRÉCHAUFFER LE FOUR** à 175 °C (350 °F). Mélanger la ricotta, le parmesan, la menthe, la ciboulette, le safran, le sel et le poivre. Réserver.

2. **À L'AIDE DE PAPIER ESSUIE-TOUT** légèrement humide, nettoyer, au besoin, les fleurs qui ont un peu de terre. Retirer le pistil à l'intérieur des fleurs, puis farcir les fleurs en leur ajoutant une cuillère du mélange précédent. Pour fermer les fleurs, tordre le haut des pétales ou les attacher avec un brin de ciboulette.

3. **DÉPOSER LES FLEURS DE COURGETTE** dans un plat huilé allant au four. Badigeonner légèrement les fleurs et leur fruit d'huile d'olive. Saler et poivrer. Cuire au four pendant environ 20 minutes.

Voici une entrée élégante. Savourez-la chaude ou froide avec un bon rosé. / On apprête souvent les courges comme des légumes, mais au sens botanique, ce sont des fruits, celles d'hiver comme celles d'été. La preuve ? Les fleurs fécondées font place à la courgette, qui renferme les graines de la plante ! / À Oaxaca, au Mexique, les fleurs de courgette sont très populaires. Elles entrent dans la composition de tacos, de soupes et de crêpes. / Toutes les courges d'été ont des fleurs comestibles.

PRÉPARATION : 10 MINUTES
CUISSON : 8 MINUTES
DONNE 4 PORTIONS

SALADE TIÈDE DE COURGETTES GRILLÉES AU BARBECUE

- 2 PETITES COURGETTES VERTES COUPÉES EN RONDELLES DE 0,5 CM (1/4 PO) D'ÉPAISSEUR
- 2 PETITES COURGETTES JAUNES COUPÉES EN RONDELLES DE 0,5 CM (1/4 PO) D'ÉPAISSEUR
- 60 ML (1/4 TASSE) D'HUILE D'OLIVE EXTRA-VIERGE
- 60 ML (1/4 TASSE) DE VINAIGRE BALSAMIQUE
- 1 C. À CAFÉ (1 C. À THÉ) D'ORIGAN FRAIS
- SEL ET POIVRE DU MOULIN

La garniture

- 3 C. À SOUPE D'AMANDES EN BÂTONNETS GRILLÉES
- MENTHE FRAÎCHE, HACHÉE
- PARMESAN, EN COPEAUX
- TOMATES CERISES (FACULTATIF)

1. **CHAUFFER LE GRIL DU BARBECUE** à température moyenne. Dans un grand bol, mélanger délicatement les courgettes, l'huile, le vinaigre balsamique, l'origan, le sel et le poivre. Égoutter les courgettes et réserver le liquide ou la marinade-vinaigrette. Griller les courgettes de 6 à 8 minutes, dans le barbecue fermé, en les retournant une fois, jusqu'à ce qu'elles soient tendres.

2. **RÉPARTIR LES COURGETTES TIÈDES** dans des assiettes de service. Les asperger de la marinade-vinaigrette. Garnir d'amandes, de menthe, de parmesan et de tomates cerises.

Tant mieux s'il vous reste de la salade ! Ce plat savoureux saura métamorphoser vos paninis, vos hamburgers, vos pâtes et bien d'autres plats encore. / Pour griller les amandes, mettez-les sur une plaque de cuisson et faites-les cuire au four à 135 °C (275 °F) pendant environ 10 minutes. / Parmi les nombreuses variantes possibles, remplacez le parmesan par du fromage cheddar ou halloumi grillé. Et, pour obtenir une salade plus « feuillue », ajoutez de la roquette ou de jeunes épinards juste avant de servir. / Vous pouvez aussi remplacer les courgettes par d'autres types de courge : faites votre choix parmi toutes les autres courges d'été.

PRÉPARATION : 25 MINUTES
CUISSON : 50 MINUTES
DONNE DE 8 À 16 BARQUETTES

RONDES DE NICE FARCIES AUX NOIX ET AU CITRON

- 4 À 8 PETITES COURGES RONDES DE NICE
- 35 G (1/3 TASSE) DE NOIX DE GRENOBLE
- 3 C. À SOUPE D'HUILE D'OLIVE
- 1 OIGNON, FINEMENT HACHÉ
- 3 GOUSSES D'AIL, PRESSÉES
- 90 G (1 1/2 TASSE) DE MIE DE PAIN FRAÎCHE, ÉMIETTÉE
- 3 C. À SOUPE DE MENTHE FRAÎCHE, CISELÉE
- 80 G (2/3 TASSE) DE CHEDDAR RÂPÉ
- 1 C. À SOUPE DE ZESTE DE CITRON, RÂPÉ FINEMENT
- 1 C. À SOUPE DE JUS DE CITRON
- SEL ET POIVRE DU MOULIN
- 1 ŒUF, BATTU

1. **DANS UNE GRANDE CASSEROLE** d'eau bouillante salée, plonger les courges et les cuire pendant environ 7 minutes, jusqu'à ce qu'elles soient al dente. Les égoutter et les laisser tiédir.

2. **COUPER LES COURGES** en 2 dans le sens de la longueur. À l'aide d'une cuillère, les évider pour former des barquettes. Les retourner, puis les laisser égoutter sur un linge propre.

3. **PRÉCHAUFFER LE FOUR** à 135 °C (275 °F). Déposer les noix sur une plaque de cuisson et les griller au four pendant environ 15 minutes en les retournant à mi-cuisson. Réserver.

4. **PRÉCHAUFFER LE FOUR** à 190 °C (375 °F). Hacher les noix. Dans une poêle antiadhésive, à feu moyen, chauffer 2 c. à soupe de l'huile et cuire l'oignon de 4 à 5 minutes, jusqu'à ce qu'il soit ramolli. Ajouter l'ail et cuire 30 secondes. Retirer du feu. Ajouter la mie de pain, la menthe, 1 c. à soupe de l'huile, le cheddar, les noix, le zeste et le jus de citron. Bien mélanger. Saler et poivrer, au goût. Incorporer l'œuf battu.

5. **FARCIR LES COURGES** du mélange. Les déposer sur une plaque de cuisson huilée. Les cuire au four de 15 à 20 minutes, jusqu'à ce que la surface soit dorée et croustillante.

Présentées en entrée ou comme accompagnement à des grillades, ces courges d'été se prêtent à une infinité de variantes. Essayez-les avec des pignons, du gouda ou de la feta, ou encore avec des fines herbes, comme l'origan ou le thym. / Vous pouvez aussi remplacer les Rondes de Nice par d'autres types de courge : faites votre choix parmi toutes les autres courges d'été.

PRÉPARATION : 5 MINUTES
CUISSON : 35 MINUTES
DONNE DE 4 À 6 PORTIONS

COURGE POIVRÉE RÔTIE AU FOUR

- 1 COURGE POIVRÉE, COUPÉE EN 2, GRAINES ET FILAMENTS RETIRÉS
- 1 C. À SOUPE D'HUILE D'OLIVE
- SEL ET POIVRE DU MOULIN
- UNE PINCÉE DE MUSCADE MOULUE OU DE PIMENT DE CAYENNE

1. **PRÉCHAUFFER LE FOUR** à 190 °C (375 °F). À l'aide d'un couteau tranchant, faire des rondelles de courge de 2 cm (¾ po). Badigeonner d'huile les deux faces des rondelles de courge. Les déposer sur une grande plaque de cuisson. Saler, poivrer et ajouter la muscade ou le piment de Cayenne.
2. **CUIRE AU FOUR** de 30 à 35 minutes ou jusqu'à ce que les rondelles de courge soient tendres et dorées, en les retournant à mi-cuisson.

Aussi savoureuses et nutritives que mignonnes, ces rondelles de courge peuvent servir de base à une salade tiède ou accompagner des viandes grillées, de la volaille ou d'autres plats. Et pourquoi ne pas verser au milieu des rondelles une sauce aux canneberges ? / Vous pouvez couper la courge en quartiers, en suivant les côtes de la courge. / Vous pouvez aussi remplacer la courge poivrée par d'autres types de courge : Delicata, Small Sugar, Ambercup, Buttercup, Hubbard bleue, Pink Jumbo Banana, potimarron, Butternut ou Futtsu.

PRÉPARATION : 15 MINUTES
CUISSON : 45 MINUTES
DONNE 8 PORTIONS

PURÉE DE COURGE POIVRÉE ET DE POMMES DE TERRE À L'AIL CONFIT

- 1 COURGE POIVRÉE D'ENVIRON 1 KG (2 ¼ LB), COUPÉE EN 2, GRAINES ET FILAMENTS RETIRÉS
- 3 À 4 GOUSSES D'AIL EN CHEMISE
- 2 C. À SOUPE D'HUILE D'OLIVE
- SEL ET POIVRE DU MOULIN
- 2 À 3 POMMES DE TERRE YUKON GOLD, PELÉES ET COUPÉES EN 2
- 125 G (4 OZ) DE FROMAGE DE CHÈVRE FRAIS, NON AFFINÉ
- SAMBAL OELEK

1. **PRÉCHAUFFER LE FOUR** à 190 °C (375 °F). Badigeonner l'intérieur de la courge et les gousses d'ail d'huile d'olive, puis saler et poivrer. Déposer les demi-courges, côté coupé vers le bas sur une plaque de cuisson. Placer les gousses d'ail dessous. Cuire au four pendant environ 45 minutes, jusqu'à ce que la chair soit tendre. Tenir la courge à l'aide d'un linge propre et racler la chair. Peler l'ail, puis l'écraser à la fourchette. Réserver au chaud.

2. **ENTRE-TEMPS**, dans une casserole d'eau bouillante salée, cuire les pommes de terre, à couvert, pendant environ 20 minutes, jusqu'à ce qu'elles soient tendres. Les égoutter. Ajouter la courge et l'ail, puis les réduire en purée à l'aide d'un presse-purée. Mélanger le fromage à la purée. Ajouter du sambal oelek, au goût. Rectifier l'assaisonnement, au besoin.

En matière de purée, toutes les combinaisons sont permises. Carottes, patates douces, céleri-rave, rutabaga, panais et bien d'autres. Et pourquoi pas de l'oignon rôti, de la moutarde fine, du gingembre, de la muscade, du fromage, de la crème sure ou du beurre noisette ? / S'il vous reste de la purée, vous pouvez la transformer en une savoureuse chaudrée en y ajoutant du bouillon de poulet et du maïs en grains. Garnissez-la de Graines de citrouille épicées (voir p. 60), et le tour est joué. / Vous pouvez aussi remplacer la courge poivrée par d'autres types de courge : Delicata, Ambercup, Buttercup, Galeuses d'Eysines, Hubbard bleue, Marina di Chioggia, Pink Jumbo Banana, Turban d'Aladin ou Butternut.

PRÉPARATION : 10 MINUTES
CUISSON : 40 MINUTES
ATTENTE : 30 MINUTES
DONNE 6 PORTIONS

COURGE SPAGHETTI AUX TOMATES CERISES CRUES

- 1 COURGE SPAGHETTI MOYENNE, COUPÉE EN 2 DANS LE SENS DE LA LONGUEUR, GRAINES ET FILAMENTS RETIRÉS
- 465 G (3 TASSES) DE TOMATES CERISES, COUPÉES EN 2
- 80 ML (1/3 TASSE) D'HUILE D'OLIVE EXTRA-VIERGE
- 3 C. À SOUPE DE BASILIC FRAIS, CISELÉ
- 3 GOUSSES D'AIL, COUPÉES EN 2
- SEL ET POIVRE DU MOULIN
- PARMESAN OU ASIAGO (FACULTATIF)

1. **PRÉCHAUFFER LE FOUR** à 200 °C (400 °F). Déposer les demi-courges sur une plaque de cuisson, faces coupées contre la plaque. Les cuire au four de 30 à 40 minutes, selon le format et la maturité de la courge, jusqu'à ce qu'elles soient al dente.
2. **DANS UN GRAND BOL**, mélanger les tomates, l'huile, le basilic, l'ail, le sel et le poivre. Laisser reposer à température ambiante pendant au moins 30 minutes. Retirer l'ail, si désiré.
3. **À L'AIDE D'UNE FOURCHETTE**, défaire les filaments de la courge, saler et poivrer. Les ajouter au mélange de tomates crues et bien mélanger. Rectifier l'assaisonnement, au besoin. Servir immédiatement. Garnir de fromage, si désiré.

Frais et léger, ce plat tout simple est inspiré d'une recette italienne, le Spaghetti al pomodoro crudo. On le sert en entrée ou pour accompagner la viande, la volaille ou le poisson. Vous obtiendrez le maximum de saveur en août et en septembre, quand les marchés regorgent de tomates mûries au soleil et de courges spaghetti. / Pour un goût d'ail plus prononcé, pressez 1 ou 2 gousses d'ail dans la garniture. Et pour un goût plus doux, utilisez de la fleur d'ail.

PRÉPARATION : 40 MINUTES
DONNE 8 ROULEAUX

ROULEAUX D'AUTOMNE AU CANARD CONFIT ET À LA COURGE SPAGHETTI

La sauce

3 C. À SOUPE DE SIROP D'ÉRABLE

3 C. À SOUPE DE SAUCE SOYA

3 C. À SOUPE DE VINAIGRE DE CIDRE OU DE VINAIGRE D'ÉRABLE

Les rouleaux

8 FEUILLES DE RIZ DE FORMAT MOYEN

24 FEUILLES DE MENTHE

250 G (1 ½ TASSE) DE COURGE SPAGHETTI CUITE, EFFILOCHÉE ET REFROIDIE (DÉJÀ PRÉPARÉE, VOIR P. 48)

1 À 2 OIGNONS VERTS, COUPÉS EN FINES LANIÈRES

40 G (2 TASSES) DE ROQUETTE OU DE CRESSON

2 CUISSES DE CANARD CONFIT, DÉSOSSÉES ET EFFILOCHÉES

½ POMME CORTLAND, NON PELÉE, COUPÉE EN JULIENNE

1 CAROTTE, COUPÉE EN JULIENNE

1. **POUR FAIRE LA SAUCE**, mélanger le sirop d'érable, la sauce soya et le vinaigre de cidre dans un bol. Réfrigérer.

2. **UNE À LA FOIS**, mouiller chaque feuille de riz sous l'eau chaude du robinet, entre 2 assiettes trouées conçues pour cette opération, jusqu'à ce qu'elle s'assouplisse. À défaut d'assiettes trouées, tremper les feuilles de 1 à 2 minutes dans un grand bol d'eau très chaude. Les égoutter sur un linge sec, puis les déposer sur un plan de travail.

3. **AU MILIEU DE CHAQUE FEUILLE**, déposer 3 feuilles de menthe, de la courge spaghetti, de la roquette, du canard confit, un peu de pomme et de carotte, ainsi que de l'oignon vert. Rabattre les deux côtés de la feuille vers le centre. Rouler lentement et fermement pour former un rouleau compact.

4. **COUVRIR LE ROULEAU** d'un linge humide et répéter l'opération avec le reste des ingrédients pour faire les autres rouleaux.

5. **SERVIR AVEC LA SAUCE.**

Dans cette recette de rouleaux de printemps revisitée, un reste de courge spaghetti remplace à merveille les habituels vermicelles de riz. / Le saviez-vous ? Pour que le canard soit plus facile à effilocher, faites tiédir les cuisses au micro-ondes pendant environ 30 secondes, à intensité maximale.

PRÉPARATION : 15 MINUTES
CUISSON : 40 MINUTES
DONNE 750 ML (3 TASSES)

CAPONATA À LA COURGE DELICATA

- 1 COURGE DELICATA PELÉE, GRAINES ET FILAMENTS RETIRÉS ET COUPÉE EN CUBES DE 1 CM (½ PO)
- 1 PETITE AUBERGINE, NON PELÉE, COUPÉE EN CUBES DE 1 CM (½ PO)
- 1 POIVRON JAUNE, ÉPÉPINÉ, HACHÉ
- 1 GROS OIGNON, HACHÉ GROSSIÈREMENT
- 1 BRANCHE DE CÉLERI, HACHÉE
- 3 C. À SOUPE D'HUILE D'OLIVE
- 2 C. À SOUPE DE VINAIGRE DE VIN BLANC
- 1 ½ C. À CAFÉ (1 ½ C. À THÉ) DE SUCRE
- 3 TOMATES ITALIENNES OU 2 GROSSES TOMATES, ÉPÉPINÉES, COUPÉES GROSSIÈREMENT
- ¼ C. À CAFÉ (¼ C. À THÉ) DE PIMENT SÉCHÉ, EN FLOCONS
- SEL ET POIVRE DU MOULIN
- 45 G (¼ TASSE) D'OLIVES VERTES OU NOIRES, DÉNOYAUTÉES ET HACHÉES
- 3 C. À SOUPE DE CÂPRES, RINCÉES, ÉGOUTTÉES ET HACHÉES FINEMENT

1. **PRÉCHAUFFER LE FOUR** à 200 °C (400 °F). Y déposer une grande plaque de cuisson. Dans un grand bol, mélanger tous les ingrédients, sauf les olives et les câpres. Étendre le mélange sur la plaque chaude. Cuire pendant 25 minutes. Remuer les légumes et les cuire pendant environ 15 minutes de plus ou jusqu'à ce qu'ils aient commencé à caraméliser. Au besoin, les mettre sous le gril, jusqu'à la coloration désirée.
2. **AJOUTER LES OLIVES** et les câpres. Rectifier l'assaisonnement, au besoin. Laisser tiédir. Servir la caponata à température ambiante ou froide.

La caponata est un condiment aigre-doux, qui est originaire de la Sicile. Je lui ai ajouté de la courge Delicata. Vous ferez sensation en l'utilisant pour garnir des croûtons ou une salade de pâtes, ou encore pour accompagner un rôti. / Vous pouvez remplacer la courge Delicata par d'autres types de courge : Ambercup, Buttercup, Hubbard bleue, Pink Jumbo Banana ou Butternut.

PRÉPARATION : 20 MINUTES
CUISSON : 20 MINUTES
DONNE 4 PORTIONS

RÖSTI À LA COURGE BUTTERCUP INSPIRÉ PAR LAURE WARIDEL

- 385 G (2 TASSES) DE POMMES DE TERRE YUKON GOLD, PELÉES, RÂPÉES GROSSIÈREMENT ET NON RINCÉES
- 320 G (2 TASSES) DE COURGE BUTTERCUP, PELÉE, GRAINES ET FILAMENTS RETIRÉS ET RÂPÉE GROSSIÈREMENT
- 115 G (1 TASSE) DE FROMAGE DE TYPE GRUYÈRE OU CHEDDAR FORT, RÂPÉ
- 1 PETIT OIGNON, ÉMINCÉ
- 2 C. À SOUPE DE CIBOULETTE CISELÉE (FACULTATIF)
- SEL DE MER AUX HERBES ET POIVRE DU MOULIN
- 35 G (¼ TASSE) DE FARINE TOUT USAGE NON BLANCHIE
- 1 C. À SOUPE DE BEURRE

1. **PLACER LA GRILLE** au centre du four. Préchauffer le four à 200 °C (400 °F). Déposer les pommes de terre râpées sur un linge propre. Enlever le maximum d'eau de végétation en tordant le linge au-dessus du lavabo. Mettre les pommes de terre dans un grand bol. Ajouter la courge râpée, le fromage, l'oignon, la ciboulette, le sel de mer aux herbes et le poivre. Bien mélanger. Ajouter la farine et mélanger, jusqu'à ce qu'elle soit entièrement humide.

2. **DANS UNE POÊLE ANTIADHÉSIVE** de 25 cm (10 po) allant au four, faire fondre le beurre à feu moyen. Y étendre le mélange de pommes de terre et de courges, en pressant légèrement à l'aide d'une spatule pour former une galette uniforme. Cuire sans remuer pendant environ 4 minutes. Démouler le rösti en le retournant sur une grande assiette, puis le faire glisser dans la poêle. Cuire au four 15 minutes.

3. **POUR SERVIR**, couper le rösti en pointes et l'accompagner d'une salade d'épinards ou d'une poêlée de champignons. Pour obtenir un repas plus consistant, l'accompagner de saucisses ou, pour un brunch, d'un œuf sur le plat.

Bien connue pour ses plaidoyers en faveur de l'achat d'ingrédients locaux et bios, Laure Waridel aime bien les courges. Elle m'a généreusement guidée dans l'élaboration de cette recette de rösti, un plat délicieux qui, comme elle, est originaire de Suisse. Hors saison, elle suggère de remplacer la ciboulette par du vert de poireau. / Il faut de 3 à 4 pommes de terre pour obtenir 385 g (2 tasses) de pommes de terre râpées et ½ petite courge Buttercup pour obtenir 320 g (2 tasses) de courge Buttercup râpée. / Vous pouvez remplacer la courge Buttercup par de la courge Ambercup.

PRÉPARATION : 15 MINUTES
CUISSON : 15 MINUTES
DONNE DE 4 À 6 PORTIONS

FRITES DE COURGE HUBBARD BLEUE CUITES AU FOUR

- 1 MORCEAU DE COURGE HUBBARD BLEUE D'ENVIRON 750 G (1 ⅔ LB), PELÉE, GRAINES ET FILAMENTS RETIRÉS
- 1 BLANC D'ŒUF
- 2 C. À CAFÉ (2 C. À THÉ) D'HUILE D'OLIVE
- ¼ C. À CAFÉ (¼ C. À THÉ) DE SEL
- ¼ C. À CAFÉ (¼ C. À THÉ) DE POIVRE DU MOULIN
- UNE PINCÉE DE PIMENT DE CAYENNE
- UNE PINCÉE DE PAPRIKA DOUX OU DE PAPRIKA FUMÉ

1. **PRÉCHAUFFER LE FOUR** à 230 °C (450 °F). Couvrir une grande plaque de cuisson de papier parchemin. Couper la courge en bâtonnets.
2. **DANS UN GRAND BOL**, fouetter le blanc d'œuf, jusqu'à ce qu'il soit mousseux. Incorporer l'huile d'olive, le sel, le poivre, le piment de Cayenne et le paprika. Ajouter les bâtonnets de courge au mélange d'œuf et mélanger, jusqu'à ce que les bâtonnets en soient bien couverts.
3. **ÉTENDRE LES BÂTONNETS** en une seule couche sur la plaque de cuisson. Les cuire au four de 10 à 15 minutes, en les retournant à mi-cuisson ou jusqu'à ce que les frites soient légèrement dorées et al dente.

Le saviez-vous ? La courge Hubbard bleue est parfaite pour faire des frites. Sa chair est suffisamment épaisse pour que l'on puisse facilement y couper des bâtonnets, elle se tient bien à la cuisson et son goût sucré est peu prononcé. / Vous pouvez aussi remplacer la courge Hubbard bleue par d'autres types de courge : Ambercup, Buttercup ou Pink Jumbo Banana.

PRÉPARATION : 30 MINUTES
RÉFRIGÉRATION : 30 MINUTES
CUISSON : 10 MINUTES
DONNE 4 PORTIONS

GNOCCHIS À LA COURGE MARINA DI CHIOGGIA

- 375 G (1 ½ TASSE) DE PURÉE DE COURGE MARINA DI CHIOGGIA, REFROIDIE (DÉJÀ PRÉPARÉE, VOIR P. 48)
- 20 G (¼ TASSE) DE PARMESAN, FINEMENT RÂPÉ
- 1 JAUNE D'ŒUF
- 1 C. À CAFÉ (1 C. À THÉ) DE SEL
- UNE PINCÉE DE MUSCADE
- 260 G (2 TASSES) DE FARINE TOUT USAGE NON BLANCHIE ET UNE QUANTITÉ SUPPLÉMENTAIRE, AU BESOIN
- HUILE D'OLIVE EXTRA-VIERGE
- ZESTE DE CITRON, FINEMENT RÂPÉ
- POIVRE DU MOULIN
- COPEAUX PARMESAN

1. **DANS UN GRAND BOL**, déposer la purée, le parmesan, le jaune d'œuf, le sel et la muscade. Bien mélanger. Ajouter la farine graduellement et mélanger, jusqu'à ce que la pâte soit homogène.

2. **SUR UNE SURFACE DE TRAVAIL** légèrement farinée, pétrir la pâte de 2 à 3 minutes, jusqu'à ce qu'elle soit souple et lisse. Ajouter de la farine, au besoin, pour que le pâte ne colle plus, en évitant de trop pétrir la pâte. Déposer la pâte dans un bol, couvrir et réfrigérer pendant 30 minutes.

3. **SÉPARER LA PÂTE** en 8. En travaillant avec les mains légèrement farinées sur une surface de travail également farinée, former 8 boudins d'environ 2 cm (¾ po) de diamètre. Commencer au centre et rouler avec le bout des doigts, en pressant légèrement. Couper la pâte en morceaux d'environ 2 cm (¾ po) de longueur. Rouler chaque morceau rapidement entre les mains en forme de petite quenelle. Marquer la pâte à l'aide d'une fourchette, si désiré. Déposer les gnocchis sur une plaque légèrement farinée, puis les saupoudrer de farine.

4. **DANS UNE GRANDE CASSEROLE** d'eau bouillante salée, cuire la moitié des gnocchis de 4 à 5 minutes, jusqu'à ce qu'ils remontent à la surface. À l'aide d'une écumoire, les retirer de l'eau et les égoutter. Les arroser d'huile d'olive extra-vierge et les parfumer de zeste de citron.

5. **SERVIR DANS DES ASSIETTES CHAUDES** et parsemer de poivre et de parmesan.

Au lieu d'arroser les gnocchis d'huile d'olive et de leur ajouter du zeste de citron, nappez-les de pesto aux graines de citrouille. Un beurre à l'ail et au thym, une sauce tomate et basilic, de l'huile de truffe ou du beurre noisette sont d'autres savoureuses possibilités. / Vous pouvez remplacer la purée de courge Marina di Chioggia par de la purée de courge Ambercup ou Buttercup. / Vous pouvez aussi utiliser de la citrouille. Vous devrez toutefois « assécher » la purée de cette dernière en la chauffant dans un poêlon, à feu vif, tout en la remuant, jusqu'à ce qu'elle ait réduit de moitié.

PRÉPARATION : 15 MINUTES
CUISSON : 7 MINUTES
ATTENTE : 5 MINUTES
DONNE 250 ML (1 TASSE)

PESTO DE GRAINES DE CITROUILLE À LA SAUGE

- 145 G (1 TASSE) DE GRAINES DE CITROUILLE, ÉCALÉES
- 30 G (½ TASSE) DE PERSIL FRAIS
- 40 G (⅓ TASSE) DE SAUGE FRAÎCHE
- 60 G (½ TASSE) DE CHEDDAR FORT, RÂPÉ FINEMENT
- LE JUS ET LE ZESTE, RÂPÉ FINEMENT, D'UN CITRON
- 1 GOUSSE D'AIL, PRESSÉE
- SEL ET POIVRE DU MOULIN
- 125 ML (½ TASSE) D'HUILE D'OLIVE EXTRA-VIERGE

1. **PRÉCHAUFFER LE FOUR** à 175 °C (350 °F). Déposer les graines de citrouille sur une plaque de cuisson et les griller au four de 5 à 7 minutes, jusqu'à ce qu'elles soient dorées. Les laisser refroidir pendant 5 minutes.
2. **DANS UN ROBOT CULINAIRE,** mettre les graines de citrouille, le persil, la sauge, le cheddar, le jus et le zeste de citron, l'ail, le sel et le poivre. Par touches successives, réduire en une purée grossière. Ajouter l'huile en filet en laissant le robot fonctionner, jusqu'à l'obtention d'une consistance homogène, mais pas trop lisse.

Ce pesto est un vrai régal sur des pâtes, des gnocchis, des croûtons, dans un sandwich à la dinde, une soupe aux légumes, avec du fromage de chèvre ou de la ricotta, ou encore pour parfumer un mélange à la viande pour farcir une courge. Et vous avez sûrement d'autres idées. / Conservation : Le pesto se conserve plusieurs mois au congélateur. / Quand vous faites griller les graines de citrouille, vous en décuplez la saveur. / Le saviez-vous ? La quantité de graines de citrouille requises pour faire cette recette correspond à peu près à la quantité de graines sans écales que l'on trouve dans une Lady Godiva. / Pour obtenir un pesto encore plus « cucurbitacéen », ajoutez 1 c. à soupe d'huile de pépins de courge.

PRÉPARATION : 15 MINUTES
CUISSON : 1 HEURE
DONNE 8 PORTIONS

GRATIN DAUPHINOIS À LA COURGE BUTTERNUT ET AU CÉLERI-RAVE

- BEURRE
- 1 CÉLERI-RAVE DE 500 G (ENV. 1 LB), PELÉ, EN TRANCHES DE 0,3 CM (⅛ PO) D'ÉPAISSEUR
- 250 ML (1 TASSE) DE CRÈME FRAÎCHE
- 200 G (2 TASSES) D'EMMENTAL, RÂPÉ GROSSIÈREMENT
- 2 ÉCHALOTES, ÉMINCÉES
- SEL ET POIVRE DU MOULIN
- MUSCADE
- ½ COURGE BUTTERNUT DE 1 KG (2 ¼ LB), PELÉE, GRAINES ET FILAMENTS RETIRÉS ET EN TRANCHES DE 0,3 CM (⅛ PO) D'ÉPAISSEUR

1. **PRÉCHAUFFER LE FOUR** à 200 °C (400 °F). Beurrer un petit plat à gratin et disposer au fond un rang de tranches de céleri-rave en les faisant se chevaucher. Avec le dos d'une cuillère, napper légèrement les tranches de crème fraîche. Parsemer d'une petite poignée d'emmental et d'échalotes. Saler, poivrer et râper un peu de muscade. Ajouter un rang de courge Butternut et recommencer avec le céleri-rave, en alternant, jusqu'à l'épuisement des ingrédients, et en finissant par le fromage.

2. **COUVRIR DE PAPIER D'ALUMINIUM** et cuire au four pendant 30 minutes. Retirer le papier d'aluminium et cuire de 20 à 30 minutes. Insérer la pointe d'un couteau dans le gratin. Si les légumes sont tendres, c'est qu'ils sont prêts. Sortir le plat du four, couvrir du papier d'aluminium et laisser reposer quelques minutes avant de trancher.

Ce plat réconfortant est encore meilleur le lendemain, réchauffé. Servez-le avec une salade verte. / Vous pouvez remplacer le céleri-rave par des topinambours ou utiliser seulement de la courge. / Vous pouvez aussi remplacer la courge Butternut par de la courge Delicata ou par du potimarron.

PRÉPARATION : 30 MINUTES
CUISSON : 1 HEURE 50 MINUTES
ATTENTE : 20 MINUTES
DONNE DE 6 À 8 PORTIONS / ENVIRON 500 ML (2 TASSES) DE SAUCE

LASAGNE SANS PÂTES À LA COURGE BUTTERNUT

La sauce

1 C. À SOUPE D'HUILE D'OLIVE
1 PETIT OIGNON, ÉMINCÉ
2 GOUSSES D'AIL, PRESSÉES
1 BOÎTE DE TOMATES EN CONSERVE DE 796 ML (28 OZ)
¼ C. À CAFÉ (¼ C. À THÉ) D'ORIGAN SÉCHÉ
SEL ET POIVRE DU MOULIN

La lasagne

1 COURGE BUTTERNUT DE 1 KG (2 ¼ LB), ENTIÈRE ET NON PELÉE
50 G (⅔ TASSE) DE PARMESAN, FINEMENT RÂPÉ
100 G (1 TASSE) DE MOZZARELLA, RÂPÉE

1. **POUR FAIRE LA SAUCE**, dans un grand poêlon, chauffer l'huile à feu moyen et y cuire l'oignon de 3 à 4 minutes, jusqu'à ce qu'il soit translucide. Ajouter l'ail et cuire 30 secondes. Ajouter les tomates, l'origan, le sel et le poivre. Porter à ébullition, puis laisser mijoter à feu moyen-doux, à découvert, de 20 à 25 minutes, jusqu'à ce que la sauce soit très épaisse. Passer la sauce au robot culinaire. Réserver.

2. **ENTRE-TEMPS, PRÉCHAUFFER LE FOUR** à 175 °C (350 °F). Précuire la courge entière au four pendant 20 minutes. La laisser refroidir. La peler et retirer ses graines et filaments. Au couteau ou à la mandoline, faire des tranches très fines.

3. **COUVRIR LE FOND D'UN PLAT À GRATIN** ou d'un moule à pain d'une couche de sauce. Couvrir d'une couche de tranches de courge, les saupoudrer légèrement de sel, les couvrir de sauce, puis saupoudrer de parmesan. Répéter l'opération jusqu'à l'épuisement des ingrédients, puis couvrir de mozzarella.

4. **COUVRIR DE PAPIER D'ALUMINIUM** et cuire au four pendant 45 minutes. Retirer le papier d'aluminium et poursuivre la cuisson de 10 à 15 minutes, jusqu'à ce que la chair soit tendre lorsqu'on la pique avec la pointe d'un couteau. Passer sous le gril, si désiré. Laisser reposer 10 minutes et servir.

C'est au marché Jean-Talon que j'ai croisé Marco, un ancien cuisinier d'un défunt restaurant italien réputé. Il m'a gracieusement expliqué comment faire sa lasagne à la courge. C'est à ce même marché que lui-même est tombé sous le charme d'une maraîchère, qui y vend notamment... des courges ! / Les secrets du chef : Comme la courge Butternut contient plus d'eau que des pâtes de blé cuites, la sauce tomate doit être très épaisse. Les fromages qui contiennent beaucoup d'eau, comme la ricotta, sont donc à éviter.

Oeuf au plat sur
Préparation : 10 m
Cuisson : 20 minutes
Donne 2 portions

PRÉPARATION : 45 MINUTES
CUISSON : 40 MINUTES
REFROIDISSEMENT : 1 HEURE
DONNE 36 PÂTÉS IMPÉRIAUX

PÂTÉS IMPÉRIAUX AU PORC ET À LA COURGE BUTTERNUT

- 2 C. À SOUPE D'HUILE DE CANOLA
- 300 G (2 TASSES) DE COURGE BUTTERNUT, PELÉE, GRAINES ET FILAMENTS RETIRÉS ET RÂPÉE GROSSIÈREMENT
- 240 G (2 TASSES) DE CHOU VERT, ÉMINCÉ FINEMENT
- 1 BRANCHE DE CÉLERI, HACHÉE FINEMENT
- 1 C. À SOUPE DE GINGEMBRE FRAIS, RÂPÉ FINEMENT
- SEL ET POIVRE DU MOULIN
- 500 G (ENV. 1 LB) DE PORC HACHÉ MAIGRE
- 3 GOUSSES D'AIL, PRESSÉES
- 3 C. À SOUPE DE SAUCE SOYA
- 1 C. À SOUPE DE VINAIGRE DE RIZ OU DE VINAIGRE DE CIDRE
- ½ C. À CAFÉ (½ C. À THÉ) DE CINQ-ÉPICES CHINOIS, MOULU
- 6 OIGNONS VERTS, HACHÉS FINEMENT
- 36 FEUILLES DE PÂTE À PÂTÉ IMPÉRIAL (EGG ROLL), DÉCONGELÉES
- 1 ŒUF, BATTU
- HUILE D'ARACHIDE

1. **DANS UNE GRANDE CASSEROLE,** à feu moyen-vif, chauffer l'huile de canola. Ajouter la courge, le chou, le céleri et le gingembre. Saler légèrement et poivrer. Cuire pendant environ 5 minutes, en remuant de temps à autre, jusqu'à ce que les légumes soient tendres. Au besoin, ajouter un peu d'eau pour éviter qu'ils collent.

2. **AJOUTER LA VIANDE,** l'ail, la sauce soya, le vinaigre de riz et le cinq-épices chinois. Cuire de 7 à 10 minutes, en remuant de temps à autre, jusqu'à ce que la viande ait perdu sa couleur rosée. Ajouter les oignons verts. Rectifier l'assaisonnement, au besoin. Refroidir la farce sur une grande plaque au réfrigérateur pendant une heure.

3. **À L'AIDE D'UN PINCEAU,** badigeonner le pourtour des feuilles de pâte d'œuf battu. Déposer 2 c. à soupe de farce sur chaque feuille, puis les plier en 2. Presser tous les côtés.

4. **VERSER L'HUILE D'ARACHIDE** dans la friteuse et la chauffer à 175 °C (350 °F). Plonger 4 ou 5 pâtés à la fois dans l'huile et les frire de 2 à 3 minutes, jusqu'à ce qu'ils soient bien dorés, en les retournant de temps à autre. Les égoutter sur du papier essuie-tout.

Pour une entrée totalement courge, servir avec la Sauce aux prunes sans prunes (!) à la courge Lady Godiva (voir p. 160). / Conservation : Vous pouvez congeler les pâtés juste avant de les frire. Ils se conserveront jusqu'à 3 mois. / Choix santé : La farce de ces pâtés peut aussi servir à façonner des dumplings ou des raviolis chinois faits de pâte à won-tons et cuits à la vapeur ou dans l'eau bouillante, plutôt que frits. / Vous pouvez aussi remplacer la courge Butternut par d'autres types de courge : courge spaghetti, Delicata, Hubbard bleue ou Pink Jumbo Banana.

PRÉPARATION : 10 MINUTES
CUISSON : 10 MINUTES
DONNE 4 PORTIONS

PAPILLOTES DES TROIS SŒURS À LA COURGE BUTTERNUT SUR LE GRIL

- ½ COURGE BUTTERNUT DE 1 KG (2 ¼ LB), PELÉE, GRAINES ET FILAMENTS RETIRÉS ET COUPÉE EN TRANCHES DE 0,5 CM (¼ PO)
- 45 G (¼ TASSE) DE MAÏS EN GRAINS, SURGELÉS
- 30 G (¼ TASSE) D'EDAMAMES* ÉCOSSÉS, SURGELÉS
- 2 C. À SOUPE D'HUILE DE CANOLA
- SEL ET POIVRE DU MOULIN
- PIMENT DE CAYENNE
- VINAIGRE DE CIDRE (FACULTATIF)

1. **PRÉCHAUFFER LE BARBECUE** à très haute température. Dans un grand bol, mélanger la courge, le maïs, les edamames, l'huile, le sel, le poivre et une pincée de piment de Cayenne.

2. **RÉPARTIR LE MÉLANGE PRÉCÉDENT** à plat sur 4 feuilles de papier d'aluminium et plier le papier de façon à former 4 papillotes. Sceller hermétiquement.

3. **DÉPOSER LES PAPILLOTES** sur la grille du barbecue et fermer le couvercle. Cuire pendant environ 10 minutes, jusqu'à ce que la courge soit tendre et que les autres légumes soient al dente, en retournant la papillote à mi-cuisson.

4. **VERSER QUELQUES GOUTTES** de vinaigre de cidre et servir.

* Les edamames sont des fèves de soya fraîches, cueillies avant maturité. Elles sont d'autant plus nutritives qu'elles ne sont pas transformées. Leur goût rappelle celui du petit pois frais ou du pois mange-tout.

Ces légumes d'accompagnement colorés, qui se préparent en un clin d'œil, se mangent comme du bonbon. Vous ferez sensation en les servant avec des viandes grillées et du riz sauvage. / La courge, le maïs et les haricots (fèves) constituaient l'alimentation de base des anciennes sociétés amérindiennes huronne-wendate et mohawk. On les appelait « les 3 sœurs ». Non seulement chaque culture profitait du voisinage des deux autres pour sa croissance, mais leurs éléments nutritifs se complétaient pour contribuer à un régime équilibré.

PRÉPARATION : 10 MINUTES
CUISSON : 25 MINUTES
DONNE DE 4 À 6 PORTIONS

RIZ À LA COURGE BUTTERNUT ET AU LAIT DE COCO

- 375 ML (1 ½ TASSE) DE BOUILLON DE POULET OU D'EAU
- 250 ML (1 TASSE) DE LAIT DE COCO
- 185 G (1 TASSE) DE RIZ À GRAINS LONGS OU DE RIZ BASMATI
- 360 G (2 ½ TASSES) DE CUBES DE 1,5 CM (½ PO) DE COURGE BUTTERNUT
- 1 C. À CAFÉ (1 C. À THÉ) DE GINGEMBRE FRAIS, RÂPÉ FINEMENT
- ½ C. À CAFÉ (½ C. À THÉ) DE SEL
- CORIANDRE FRAÎCHE OU NOIX DE COCO GRILLÉE (FACULTATIF)

1. **DANS UNE CASSEROLE**, à feu moyen-vif, porter le bouillon et le lait de coco à ébullition. Ajouter le riz, la courge, le gingembre et le sel. Réduire à feu doux et laisser mijoter doucement pendant environ 20 minutes, à couvert, en remuant à mi-cuisson, jusqu'à ce que le liquide soit absorbé et que la courge soit tendre.
2. **AU MOMENT DE SERVIR**, garnir de coriandre ou de noix de coco grillée, si désiré.

Cette recette très simple à préparer se fait dans une seule casserole. Vous pouvez la servir pour accompagner le poisson ou comme plat principal, en y ajoutant un reste de poulet, par exemple. / Vous pouvez remplacer la courge Butternut par de la courge Hubbard bleue ou Pink Jumbo Banana.

PRÉPARATION : 15 MINUTES
DONNE DE 4 À 6 PORTIONS

SALADE DE COURGE BUTTERNUT, POMME ET ENDIVES D'ANNE DESJARDINS

- 50 G (1/3 TASSE) DE GRAINES DE CITROUILLE ÉCALÉES
- 2 C. À SOUPE DE VINAIGRE DE CIDRE
- SEL
- 80 ML (1/3 TASSE) D'HUILE D'OLIVE EXTRA-VIERGE
- QUELQUES GOUTTES DE TABASCO
- 200 G (2 TASSES) DE COURGE BUTTERNUT, PELÉE, GRAINES ET FILAMENTS RETIRÉS ET COUPÉE EN JULIENNE
- 1 POMME EMPIRE CRUE, NON PELÉE, ÉVIDÉE ET COUPÉE EN PETITS CUBES
- 2 ENDIVES, ÉMINCÉES
- 2 OIGNONS VERTS, ÉMINCÉS FINEMENT
- 3 C. À SOUPE DE CANNEBERGES SÉCHÉES
- 1 C. À SOUPE DE GINGEMBRE FRAIS, RÂPÉ FINEMENT
- FEUILLES DE LAITUE

1. **PRÉCHAUFFER LE FOUR** à 175 °C (350 °F). Déposer les graines de citrouille sur une plaque de cuisson et les griller au four de 5 à 7 minutes, jusqu'à ce qu'elles soient dorées. Les laisser refroidir et réserver.

2. **DANS UN PETIT BOL**, préparer la vinaigrette en mélangeant le vinaigre avec le sel, l'huile d'olive et le tabasco. Réserver.

3. **DANS UN GRAND BOL**, mélanger la courge, la pomme, les endives, les oignons verts, les canneberges, le gingembre et la vinaigrette. Rectifier l'assaisonnement, au besoin.

4. **SERVIR SUR DES FEUILLES** de laitue et parsemer de graines de citrouille.

Manger de la courge crue ? Et comment ! Anne Desjardins, qui est chef propriétaire du restaurant L'Eau à la Bouche, prône depuis toujours la cuisine de saison et l'emploi de produits locaux. Avec son fils Emmanuel, elle nous démontre la délicatesse et l'exquise saveur des courges crues dans cette salade craquante. / Vous pouvez remplacer la courge Butternut par de la courge Hubbard bleue.

PRÉPARATION : 15 MINUTES
CUISSON : 20 MINUTES
DONNE 4 PORTIONS

FARFALLES AUX COURGETTES ET AU SAUMON FUMÉ

- 400 G (6 TASSES) DE FARFALLES (BOUCLES)
- 2 C. À SOUPE D'HUILE D'OLIVE
- 1 OIGNON ROUGE, ÉMINCÉ
- 3 À 4 PETITES COURGETTES, EN RONDELLES
- SEL ET POIVRE DU MOULIN
- 2 GOUSSES D'AIL, PRESSÉES
- 150 G (5 OZ) DE FROMAGE DE CHÈVRE FRAIS NON AFFINÉ
- 150 À 170 G (5 À 6 OZ) DE SAUMON FUMÉ
- LE ZESTE ET LE JUS DE 1 CITRON

La garniture

- CIBOULETTE CISELÉE

1. **CUIRE LES PÂTES** dans une grande casserole d'eau bouillante salée.
2. **DANS UN GRAND POÊLON** antiadhésif, à feu moyen, chauffer l'huile et ajouter l'oignon et les courgettes. Saler et poivrer. Cuire pendant environ 8 minutes, en remuant de temps à autre, jusqu'à ce qu'ils soient tendres et dorés. Si les légumes sont suffisamment dorés, mais pas encore assez tendres, ajouter un peu d'eau de cuisson des pâtes et cuire jusqu'à ce qu'ils soient tendres. Ajouter l'ail et poursuivre la cuisson pendant 1 minute, il faut éviter que l'ail brûle.
3. **LORSQUE LES PÂTES SONT CUITES** al dente, les égoutter. Aux légumes, ajouter les pâtes, le fromage, le saumon, le zeste et le jus de citron. Bien mélanger. Rectifier l'assaisonnement, au besoin.
4. **SERVIR DANS DES ASSIETTES CREUSES** chaudes et garnir de ciboulette.

En plus d'être facile à préparer, ce plat est très attrayant, car il possède des couleurs et des textures variées. / Pour changer, vous pouvez aussi utiliser d'autres types de pâtes courtes. / Vous pouvez remplacer le saumon fumé par du saumon frais. / Vous pouvez aussi remplacer les courgettes par d'autres types de courge : faites votre choix parmi toutes les autres courges d'été.

PRÉPARATION : 15 MINUTES
CUISSON : 5 MINUTES
ATTENTE : 12 À 24 HEURES
DONNE 2 PLATS PRINCIPAUX OU 4 ENTRÉES

TATAKI DE BŒUF SUR SALADE DE RUBANS DE COURGETTE

- 300 À 350 G (10 À 12 OZ) DE FILET MIGNON, EN UN SEUL MORCEAU
- HUILE DE CANOLA
- 1 PETITE GOUSSE D'AIL, PRESSÉE
- 2 C. À CAFÉ (2 C. À THÉ) DE GINGEMBRE FRAIS, RÂPÉ FINEMENT
- 2 C. À SOUPE D'HUILE DE CANOLA
- 2 C. À SOUPE D'HUILE DE SÉSAME
- 2 C. À SOUPE DE MIRIN OU DE VINAIGRE DE RIZ
- 60 ML (¼ TASSE) DE SAUCE SOYA
- ½ À 1 COURGETTE
- 2 À 4 RADIS, TRANCHÉS FINEMENT

1. **CHAUFFER LE GRIL DU BARBECUE** (ou une plaque de cuisson ou une poêle épaisse) à température moyenne-élevée et préparer un bol d'eau avec des glaçons. Bien éponger la viande avec du papier essuie-tout et la badigeonner d'huile. Griller la viande de 30 à 45 secondes de chaque côté. La plonger dans le bol d'eau glacée pendant environ 5 minutes, pour qu'elle refroidisse complètement et que la cuisson soit interrompue.

2. **DANS UN PETIT BOL**, mélanger l'ail, le gingembre, les huiles de canola et de sésame, le mirin et la sauce soya. Verser la moitié du mélange dans un petit sac de congélation et réserver l'autre moitié au réfrigérateur pour la vinaigrette.

3. **DÉPOSER LA VIANDE ÉGOUTTÉE** dans le sac, retirer l'air et s'assurer qu'elle baigne complètement dans la marinade. La laisser reposer de 12 à 24 heures au réfrigérateur.

4. **JUSTE AVANT DE SERVIR**, égoutter la viande et jeter la marinade qui est dans le sac. À l'aide d'un couteau bien affûté, couper de fines tranches de viande. Réserver. À l'aide d'une mandoline, faire des tranches fines de courgette. Réserver.

5. **DANS DES ASSIETTES** de service, répartir les courgettes et garnir de radis. Ajouter les tranches de viande et napper de vinaigrette.

L'été, servez ce plat rafraîchissant. Succès assuré ! / La salade est aussi savoureuse sans le tataki. Vous pouvez la garnir de ciboulette ciselée ou de graines de sésame grillées. / Vous pouvez aussi remplacer les courgettes par d'autres types de courge : faites votre choix parmi toutes les autres courges d'été.

PRÉPARATION : 20 MINUTES
CUISSON : 50 MINUTES
DONNE 4 PORTIONS

COURGE SPAGHETTI, SAUCE AU POULET ET AUX ARACHIDES

- 1 COURGE SPAGHETTI COUPÉE EN 2 DANS LE SENS DE LA LONGUEUR, GRAINES ET FILAMENTS RETIRÉS
- 135 G (½ TASSE) DE BEURRE D'ARACHIDE
- 2 C. À SOUPE DE SAUCE SOYA
- 2 C. À SOUPE DE VINAIGRE DE RIZ
- 1 C. À SOUPE DE GINGEMBRE FRAIS, RÂPÉ FINEMENT
- ½ C. À CAFÉ (½ C. À THÉ) D'HUILE DE SÉSAME
- QUELQUES GOUTTES DE TABASCO
- 1 C. À SOUPE D'HUILE DE CANOLA
- 250 G (ENV. ½ LB) DE POITRINE OU DE HAUT DE CUISSE DE POULET, SANS LA PEAU, DÉSOSSÉ ET COUPÉ EN LANIÈRES (FACULTATIF)
- 1 POIVRON ROUGE ÉPÉPINÉ ET ÉMINCÉ
- 2 À 3 OIGNONS VERTS, ÉMINCÉS, PARTIES BLANCHES ET VERTES SÉPARÉES
- 2 GOUSSES D'AIL, PRESSÉES
- 2 C. À SOUPE D'ARACHIDES NON SALÉES, HACHÉES GROSSIÈREMENT
- CORIANDRE FRAÎCHE, HACHÉE GROSSIÈREMENT

1. **PRÉCHAUFFER LE FOUR** à 200 °C (400 °F). Déposer les demi-courges sur une plaque de cuisson, côté coupé vers le bas et les cuire au four de 30 à 40 minutes (selon le format et la maturité de la courge), jusqu'à ce qu'elles soient al dente.

2. **DANS UN GRAND BOL**, à l'aide d'un fouet, mélanger le beurre d'arachide, 125 ml (½ tasse) d'eau chaude, la sauce soya, le vinaigre de riz, le gingembre, l'huile de sésame et le tabasco. Réserver.

3. **DANS UN GRAND POÊLON**, à feu moyen-vif, chauffer l'huile de canola et ajouter le poulet. Cuire pendant 5 minutes, en remuant de temps à autre, ou jusqu'à ce que le poulet soit doré. Ajouter le poivron et la partie blanche des oignons verts. Poursuivre la cuisson pendant environ 5 minutes, jusqu'à ce que les légumes soient tendres et que le poulet ait perdu sa couleur rosée. Ajouter l'ail et cuire pendant 1 minute. Réserver au chaud.

4. **QUAND LA COURGE EST CUITE**, la défaire en filaments à l'aide d'une fourchette, puis les mettre dans un grand bol. Y verser la sauce aux arachides et le mélange de poulet et de légumes. Bien mélanger. Rectifier l'assaisonnement, au besoin.

5. **SERVIR DANS DES ASSIETTES CREUSES** chaudes et garnir d'arachides, d'oignons verts (partie verte) et de coriandre.

Sur le plan nutritif, le poulet n'est pas indispensable, car le beurre d'arachide fournit suffisamment de protéines. Vous pouvez aussi remplacer le poulet par du tofu grillé.

PRÉPARATION : 15 MINUTES
CUISSON : 60 MINUTES
DONNE 4 PORTIONS

COURGES DELICATA FARCIES À LA VIANDE ET GRATINÉES

- 2 COURGES DELICATA, COUPÉES EN 2 DANS LE SENS DE LA LONGUEUR, GRAINES ET FILAMENTS RETIRÉS
- SEL ET POIVRE DU MOULIN
- 300 G (10 OZ) DE VEAU OU DE PORC MAIGRE, HACHÉ
- 165 G (1 TASSE) DE RIZ, CUIT
- 40 G (⅓ TASSE) DE CHAPELURE
- 1 ŒUF, LÉGÈREMENT BATTU
- 1 OIGNON, ÉMINCÉ
- 2 GOUSSES D'AIL, PRESSÉES
- 1 C. À CAFÉ (1 C. À THÉ) DE PIMENT DE LA JAMAÏQUE, MOULU
- 100 G (1 TASSE) DE MOZZARELLA, RÂPÉE

1. **PRÉCHAUFFER LE FOUR** à 190 °C (375 °F). Saler et poivrer l'intérieur des courges. Réserver.
2. **DANS UN BOL**, mélanger la viande, le riz, la chapelure, l'œuf, l'oignon, l'ail, le piment de la Jamaïque, le sel et le poivre.
3. **FARCIR LES COURGES** avec le mélange de viande. Cuire au four pendant 45 minutes. Garnir de mozzarella et poursuivre la cuisson 15 minutes. Laisser reposer 3 minutes avant de servir.

En plus de son look d'enfer et de son exquise saveur, ce plat offre un très bon rapport qualité/temps de préparation. Il est aussi délicieux avec un coulis de tomates. / Vous pouvez aussi remplacer la courge Delicata par de la courge poivrée ou de la courge Turban d'Aladin.

PRÉPARATION : 20 MINUTES
CUISSON : 1 HEURE 45 MINUTES
DONNE DE 4 À 5 PORTIONS

PÂTÉ CHINOIS RE-REVISITÉ À LA COURGE HUBBARD BLEUE

- 1 MORCEAU DE COURGE HUBBARD BLEUE D'ENVIRON 750 G (1 ⅔ LB), NON PELÉE, GRAINES ET FILAMENTS RETIRÉS
- SEL ET POIVRE DU MOULIN
- UNE PINCÉE DE PIMENT DE CAYENNE
- UNE PINCÉE DE PAPRIKA
- 1 C. À SOUPE D'HUILE DE CANOLA
- 1 GROS OIGNON, ÉMINCÉ
- 500 G (1 LB) DE BISON HACHÉ
- 1 À 2 GOUSSES D'AIL, PRESSÉES
- 1 ½ BOÎTE DE MAÏS EN GRAINS DE 341 ML (12 OZ), ÉGOUTTÉE
- BEURRE

1. **PRÉCHAUFFER LE FOUR** à 190 °C (375 °F). Déposer la courge côté coupé vers le bas sur une plaque de cuisson couverte de papier parchemin. La cuire au four de 60 à 75 minutes, jusqu'à ce qu'elle soit tendre. Prélever la chair et l'écraser à la fourchette ou au presse-purée, selon la consistance désirée. Saler, poivrer et ajouter le piment de Cayenne et le paprika.

2. **DANS UN GRAND POÊLON** antiadhésif, à feu moyen, chauffer l'huile. Y faire revenir l'oignon de 3 à 4 minutes, jusqu'à ce qu'il soit transparent. Ajouter la viande et cuire à feu moyen-doux de 5 à 7 minutes, en l'émiettant, jusqu'à ce qu'elle ait perdu sa couleur rosée. Ajouter l'ail et poursuivre la cuisson 30 secondes. Saler et poivrer.

3. **RÉPARTIR LA VIANDE** entre des plats individuels, des bols de soupe à l'oignon, par exemple, ou la mettre dans un moule unique. La couvrir de maïs, puis de purée de courge. Ajouter une noisette de beurre sur le dessus. Cuire le pâté au four pendant 15 minutes, puis le mettre sous le gril pour le faire colorer.

Bison, blé d'Inde, courge... Ces trois ingrédients de la culture traditionnelle amérindienne m'ont servi à renouveler notre bon vieux classique. Vous pouvez remplacer le bison par du cheval, une autre viande très maigre. / Vous pouvez aussi remplacer la courge Hubbard bleue par d'autres types de courge : courge poivrée, Ambercup ou Buttercup.

PRÉPARATION : 20 MINUTES
CUISSON : 90 MINUTES
DONNE 4 PORTIONS

TAJINE DE POULET À LA COURGE HUBBARD BLEUE, AUX OLIVES ET AU CITRON CONFIT

- 2 C. À SOUPE D'HUILE D'OLIVE
- 2 OIGNONS, COUPÉS GROSSIÈREMENT
- 1 C. À CAFÉ (1 C. À THÉ) DE CUMIN, MOULU
- 1 C. À CAFÉ (1 C. À THÉ) DE RAS-EL-HANOUT
- 2 GOUSSES D'AIL, PRESSÉES
- 4 CUISSES DE POULET AVEC DOS, SANS LA PEAU, OU 1 POULET DE 1,5 KG (3 ½ LB) COUPÉ EN 8 MORCEAUX
- 1 C. À SOUPE DE GINGEMBRE FRAIS, RÂPÉ FINEMENT
- ½ À 1 CITRON CONFIT, RINCÉ, ÉPÉPINÉ ET COUPÉ EN MORCEAUX
- QUELQUES BRINS DE SAFRAN (FACULTATIF)
- SEL ET POIVRE DU MOULIN
- 500 ML (2 TASSES) DE BOUILLON DE POULET
- 300 G (3 TASSES) DE CUBES DE COURGE HUBBARD BLEUE D'ENVIRON 3 CM (1 ¼ PO)
- 12 OLIVES VERTES DÉNOYAUTÉES
- CORIANDRE FRAÎCHE

1. **PRÉCHAUFFER LE FOUR** à 175 °C (350 °F). Dans une grande casserole à fond épais ou dans une cocotte en fonte émaillée, chauffer l'huile à feu moyen-doux. Y faire revenir les oignons de 3 à 4 minutes, en remuant de temps à autre. Ajouter le cumin, le ras-el-hanout et l'ail et cuire 30 secondes. Ajouter le poulet, le gingembre, le citron confit et le safran. Saler et poivrer. Couvrir le tout presque complètement du bouillon de poulet.
2. **CUIRE AU FOUR**, à couvert, pendant 1 heure. Ajouter la courge et les olives. Poursuivre la cuisson, à couvert, de 20 à 25 minutes ou jusqu'à ce que la courge soit tendre.
3. **SERVIR SUR UN LIT DE COUSCOUS** et garnir de coriandre fraîche.

Voici un plat à la fois exotique et réconfortant. / Le ras-el-hanout, que vous trouverez dans les épiceries spécialisées, tout comme le citron confit, est un mélange d'épices utilisé dans la cuisine du Maghreb. La recette traditionnelle peut compter jusqu'à 50 ingrédients, mélange d'épices et de fleurs séchées. / Vous pouvez remplacer la courge Hubbard bleue par d'autres types de courge : Delicata, Small Sugar, Ambercup, Buttercup, Pink Jumbo Banana ou Butternut.

PRÉPARATION : 15 MINUTES
CUISSON : 30 MINUTES
DONNE DE 4 À 6 PORTIONS OU 500 ML (2 TASSES)

SAUCE MEXICAINE PIPIÁN VERDE AUX GRAINES DE CITROUILLE

- 2 PIMENTS JALAPEÑOS, COUPÉS EN 2 DANS LE SENS DE LA LONGUEUR ET ÉPÉPINÉS
- 1 C. À SOUPE D'HUILE D'OLIVE
- ½ OIGNON, ÉMINCÉ
- 2 GOUSSES D'AIL, PRESSÉES
- 310 ML (1 ¼ TASSE) DE BOUILLON DE POULET
- 7 TOMATILLOS FRAIS, DE PRÉFÉRENCE, OU EN CONSERVE, ÉGOUTTÉS ET RINCÉS
- UNE FEUILLE DE LAITUE
- 30 G (¼ TASSE) DE GRAINES DE CITROUILLE ÉCALÉES, GRILLÉES ET MOULUES
- 5 G (¼ TASSE) DE CORIANDRE FRAÎCHE, CISELÉE
- ½ C. À CAFÉ (½ C. À THÉ) DE CUMIN MOULU
- SEL ET POIVRE DU MOULIN AU GOÛT

1. **ALLUMER LE GRIL DU FOUR.** Déposer les piments, côté coupé sur une plaque de cuisson et les cuire sous le gril de 5 à 7 minutes, jusqu'à ce que la pelure soit noircie. Les laisser refroidir et les peler. Réserver.

2. **DANS UNE CASSEROLE**, à feu moyen, chauffer l'huile d'olive. Ajouter l'oignon émincé et cuire pendant environ 3 minutes, jusqu'à ce qu'il soit transparent. Ajouter l'ail et cuire 30 secondes. Ajouter le bouillon, les tomatillos et laisser mijoter de 15 à 20 minutes, jusqu'à ce que les tomatillos soient tendres. Ajouter la feuille de laitue et les piments grillés. Réserver.

3. **PASSER LES TOMATILLOS**, la laitue et les piments au mélangeur avec une bonne partie du bouillon. Ajouter les graines de citrouille moulues, la coriandre, le cumin, le sel et le poivre et mélanger jusqu'à l'obtention d'une texture lisse. Ajouter du bouillon jusqu'à la consistance désirée. Rectifier l'assaisonnement, au besoin.

Le Mexique est considéré, avec les régions du Nord de l'Amérique centrale, comme le berceau de la courge potagère. Il n'est donc pas étonnant que l'on y trouve encore de nos jours de nombreux plats contenant des graines de courge, comme cette sauce onctueuse et épicée. / Servez-la sur du poulet grillé ou sur du poisson cuit à la vapeur. Elle peut aussi relever des escalopes de tofu grillées. Accompagnez-la de riz, de tortillas et de courge rôtie. Olé ! / Conservation : La sauce peut se conserver 5 jours au réfrigérateur ou quelques semaines au congélateur. / Vous trouverez des tomatillos frais dans les épiceries latino-américaines, et des conserves dans la plupart des épiceries.

CUP
8 OZ
CUP
6 OZ
CUP
CUP

PRÉPARATION : 20 MINUTES
CUISSON : ENVIRON 2 HEURES
DONNE DE 4 À 6 PORTIONS

CARI DE PORC AUX POMMES ET À LA COURGE BUTTERNUT

- 2 C. À SOUPE D'HUILE DE CANOLA
- 700 G (1 ½ LB) DE CUBES DE PORC, DE 2 À 2,5 CM (¾ À 1 PO)
- SEL ET POIVRE DU MOULIN
- 2 GOUSSES D'AIL, PRESSÉES
- 1 C. À SOUPE DE GINGEMBRE FRAIS, ÉMINCÉ
- 1 C. À SOUPE DE POUDRE DE CARI
- 500 ML (2 TASSES) DE JUS DE POMME
- 2 GROSSES ÉCHALOTES FRANÇAISES, ÉMINCÉES
- 500 G (3 TASSES) DE CUBES DE COURGE BUTTERNUT DE 2,5 CM (1 PO)
- 2 POMMES CORTLAND OU LOBO, PELÉES, ÉVIDÉES ET COUPÉES EN QUARTIERS
- 60 ML (¼ TASSE) DE CRÈME À CUISSON 15 %
- ESTRAGON FRAIS

1. **PRÉCHAUFFER LE FOUR** à 165 °C (325 °F). Dans une grande casserole à fond épais ou dans une cocotte en fonte émaillée, chauffer l'huile à feu moyen. Cuire les cubes de porc en 2 fois, pendant environ 5 minutes chaque fois, jusqu'à ce qu'ils soient dorés. Saler et poivrer. Ajouter l'ail, le gingembre et le cari et poursuivre la cuisson pendant 30 secondes, en remuant constamment. Verser le jus de pomme et racler le fond de la casserole avec une cuillère en bois afin de dissoudre les sucs. Ajouter la viande et les échalotes. Saler et poivrer. Couvrir et cuire au four pendant 1 ¼ heure.
2. **AJOUTER LES CUBES DE COURGE** et les quartiers de pomme. Couvrir et poursuivre la cuisson de 15 à 20 minutes, jusqu'à ce qu'ils soient tendres.
3. **À L'AIDE D'UNE ÉCUMOIRE**, retirer les ingrédients solides et les réserver au chaud. Chauffer la casserole avec le jus de cuisson à feu vif de 2 à 4 minutes, jusqu'à ce que le liquide ait réduit de moitié. Ajouter la crème et bien mélanger. Rectifier l'assaisonnement, au besoin. Ajouter le mélange de viande, les légumes et les pommes. Bien mélanger et réchauffer.
4. **AU MOMENT DE SERVIR**, parsemer d'estragon fraîchement ciselé.

Ce plat sera des plus savoureux si vous l'accompagnez de riz basmati. Pour y ajouter du croquant, mettez-y des amandes grillées. / Vous pouvez remplacer la courge Butternut par d'autres types de courge : Delicata, Hubbard bleue, Pink Jumbo Banana ou potimarron.

PRÉPARATION : 10 MINUTES
CUISSON : 25 MINUTES
DONNE 2 PORTIONS

ŒUFS SUR SALADE TIÈDE DE COURGE BUTTERNUT, D'ÉPINARDS ET DE BACON

- 2 À 3 TRANCHES DE BACON, COUPÉES EN 8 DANS LE SENS DE LA LONGUEUR
- 300 G (2 TASSES) DE CUBES DE COURGE BUTTERNUT DE 1 CM (ENV. ½ PO)
- SEL ET POIVRE DU MOULIN
- UNE PINCÉE DE PIMENT DE CAYENNE
- 1 C. À SOUPE DE VINAIGRE DE VIN ROUGE
- ½ C. À CAFÉ (½ C. À THÉ) DE MOUTARDE DE DIJON
- ½ C. À SOUPE D'HUILE D'OLIVE EXTRA-VIERGE
- 65 À 95 G (2 À 3 TASSES) DE JEUNES ÉPINARDS
- 2 GROS ŒUFS
- 1 À 2 OIGNONS VERTS, CISELÉS
- COPEAUX DE PARMESAN

1. **DANS UN GRAND POÊLON ANTIADHÉSIF**, à feu moyen, cuire le bacon de 5 à 7 minutes, jusqu'à ce qu'il soit croustillant. Déposer le bacon sur du papier essuie-tout. Réserver le gras fondu et essuyer le poêlon.
2. **DANS LE MÊME POÊLON**, à feu moyen, chauffer 2 c. à soupe de gras du bacon. Y ajouter les cubes de courge et cuire de 8 à 10 minutes, jusqu'à ce qu'ils soient tendres. Saler, poivrer et ajouter le piment de Cayenne.
3. **ENTRE-TEMPS, DANS UN BOL**, mélanger le vinaigre, la moutarde et l'huile. Saler et poivrer. Réserver.
4. **DÈS QUE LES CUBES DE COURGE** sont tendres, les mettre dans 2 assiettes et les garder au chaud.
5. **CHAUFFER LE POÊLON** à feu moyen et cuire les épinards jusqu'à ce qu'ils commencent à s'affaisser. Saler et poivrer. Les mettre dans un bol, couvrir et garder au chaud.
6. **CHAUFFER LE MÊME POÊLON** à feu moyen et cuire les œufs pendant 1 minute sans briser les jaunes. Saler et poivrer. Couvrir, éteindre le feu et laisser reposer pendant environ 2 minutes, jusqu'à ce que le blanc soit pris et que le jaune soit encore coulant.
7. **GARNIR LES ASSIETTES** contenant les courges des épinards, ajouter la vinaigrette, le bacon, l'oignon vert et le parmesan, puis couronner d'un œuf sur le plat. Servir immédiatement.

Servez ce plat à un brunch, à un repas en tête-à-tête ou pour un souper vite fait. / Connaissez-vous le secret des courges rissolées bien caramélisées ? Ne pas les remuer avant 3 à 4 minutes de cuisson et les remuer seulement de temps à autre le reste du temps. / Choix santé : Pour réduire les gras saturés, omettez le bacon ou faites un compromis, conservez le bacon, mais remplacez son gras fondu par de d'huile de canola.

PRÉPARATION : 10 MINUTES
CUISSON : 15 MINUTES
DONNE DE 4 À 6 PORTIONS

MACARONI À LA COURGE BUTTERNUT

- 350 G (2 ½ TASSES) DE MACARONIS CRUS
- 2 C. À SOUPE D'HUILE D'OLIVE
- 1 OIGNON, ÉMINCÉ
- 2 GOUSSES D'AIL, PRESSÉES
- 500 ML (2 TASSES) DE LAIT
- 375 G (1 ½ TASSE) DE PURÉE DE COURGE BUTTERNUT (DÉJÀ PRÉPARÉE, VOIR P. 48)
- 1 CUBE DE BOUILLON DE POULET DÉSHYDRATÉ, RÂPÉ FINEMENT (FACULTATIF)
- 40 G (½ TASSE) DE PARMESAN, RÂPÉ FINEMENT
- PIMENT DE CAYENNE
- CIBOULETTE CISELÉE (FACULTATIF)
- POIVRE DU MOULIN (FACULTATIF)

1. **DANS UNE GRANDE CASSEROLE** d'eau bouillante salée, cuire les macaronis al dente.
2. **ENTRE-TEMPS, DANS UN GRAND POÊLON**, à feu moyen, chauffer l'huile et ajouter l'oignon. Cuire de 3 à 4 minutes, en remuant de temps à autre, jusqu'à ce qu'il soit transparent. Ajouter l'ail et cuire pendant 30 secondes. Baisser à feu moyen-doux, ajouter le lait, la purée de courge, le cube de bouillon, le parmesan et le piment de Cayenne. Bien mélanger à l'aide d'un fouet et cuire jusqu'à ce que la sauce bouillonne. Passer au mélangeur. Remettre dans le poêlon et garder au chaud.
3. **ÉGOUTTER LES PÂTES CUITES** et les verser dans la sauce. Bien mélanger et rectifier l'assaisonnement, au besoin.
4. **SERVIR DANS DES ASSIETTES** chaudes. Garnir de ciboulette et de poivre.

La sauce de ce plat classique revisité est fine, crémeuse et bien liée. De plus, vous n'avez pas à ajouter de crème ni à préparer de béchamel. / Pour obtenir un macaroni « tout garni », ajoutez des escargots, des lardons ou du bacon, des crevettes, des pétoncles ou vos aliments préférés, ou encore garnissez-le de champignons shiitake sautés. / Choix santé : Si vous préférez ajouter du bouillon de poulet maison, qui a une teneur moins élevée en sodium, remplacez le lait par la même quantité de bouillon maison. Pour récupérer la valeur nutritive du lait, vous pouvez dissoudre de la poudre de lait écrémé dans le bouillon et saler, au goût.

PRÉPARATION : 45 MINUTES
ATTENTE : 2 HEURES
CUISSON : 15 MINUTES
DONNE 1 PIZZA D'ENVIRON 33 CM (13 PO) DE DIAMÈTRE

PIZZA À LA COURGE BUTTERNUT GARNIE

La croûte

- 60 ML (1/4 TASSE) D'EAU TIÈDE
- 1 C. À CAFÉ (1 C. À THÉ) DE SUCRE
- 2 C. À CAFÉ (2 C. À THÉ) DE LEVURE SÈCHE ACTIVE INSTANTANÉE OU ORDINAIRE
- 1 C. À SOUPE D'HUILE D'OLIVE
- 260 G (2 TASSES) DE FARINE TOUT USAGE NON BLANCHIE
- 1 C. À CAFÉ (1 C. À THÉ) DE SEL
- 215 G (7 OZ) DE PURÉE DE COURGE BUTTERNUT À TEMPÉRATURE AMBIANTE (DÉJÀ PRÉPARÉE, VOIR P. 48)

La garniture

- 180 ML (3/4 TASSE) DE SAUCE À PIZZA
- TRANCHES FINES DE COURGE DELICATA, CRUE, NON PELÉE, GRAINES ET FILAMENTS RETIRÉS (FACULTATIF)
- 2 C. À SOUPE D'HUILE D'OLIVE
- 350 G (3/4 LB) DE CREVETTES, DÉCORTIQUÉES, DÉVEINÉES ET ÉPONGÉES
- SEL ET POIVRE DU MOULIN
- 2 GOUSSES D'AIL, PRESSÉES
- PIMENT SÉCHÉ, EN FLOCONS, AU GOÛT
- PERSIL

1. **POUR FAIRE LA CROÛTE**, dans un bol, mélanger l'eau tiède, le sucre et la levure. Laisser reposer pendant 5 minutes. Ajouter l'huile.

2. **DANS UN GRAND BOL**, mélanger la farine et le sel. Y former un puits et verser la purée de courge et la levure activée. Mélanger jusqu'à la formation d'une pâte. Sur une surface farinée, la pétrir de 6 à 8 minutes, jusqu'à former une boule lisse et élastique. Si la pâte est collante, ajouter de la farine. La déposer dans un bol fariné, puis la saupoudrer de farine. Couvrir d'une pellicule plastique. Laisser doubler la pâte de volume à température ambiante pendant environ 2 heures.

3. **APLATIR LA PÂTE LEVÉE**, puis la façonner en boule. La couvrir et réfrigérer pendant 2 heures.

4. **PLACER LA GRILLE** dans le bas du four, puis y déposer une pierre à pizza. Préchauffer le four à 230 °C (450 °F) pendant 1 heure. Sur une surface farinée, abaisser la pâte au rouleau à pâtisserie. La mettre ensuite sur une plaque recouverte de papier parchemin et la couvrir de sauce à pizza et de tranches de courge. Glisser la pizza sur la pierre à pizza. Cuire pendant environ 15 minutes, jusqu'à ce que la croûte soit dorée et cuite en son centre.

5. **ENTRE-TEMPS, DANS UN GRAND POÊLON** antiadhésif, à feu moyen-vif, chauffer l'huile. Ajouter les crevettes, saler et poivrer. Les cuire de 3 à 4 minutes, jusqu'à ce qu'elles soient dorées. Ajouter l'ail et le piment puis garnir la croûte à sa sortie du four. Garnir de persil.

Vous pouvez remplacer les crevettes par des escargots et du bacon, par du fromage de chèvre ou par toute autre garniture improvisée. / Vous pouvez remplacer la courge Butternut de la croûte ou la courge Delicata de la garniture par d'autres types de courge : Galeuse d'Eysines, Pink Jumbo Banana ou potimarron.

PRÉPARATION : 25 MINUTES
ATTENTE : 1 HEURE
CUISSON : 3 HEURES
DONNE DE 4 À 6 PORTIONS

RÔTI DE PALETTE DE BŒUF BRAISÉ À LA COURGE BUTTERNUT ET AUX PRUNEAUX

- 1 C. À CAFÉ (1 C. À THÉ) DE SEL CASHER OU DE SEL DE MER
- 1 RÔTI DE BŒUF (PALETTE) DE 1 À 1,5 KG (2 ¼ À 3 ½ LB), AVEC OS, DE PRÉFÉRENCE
- 2 C. À SOUPE D'HUILE D'OLIVE
- POIVRE DU MOULIN
- 5 SACHETS DE THÉ ORANGE PEKOE
- 3 OIGNONS, COUPÉS EN QUARTIERS
- 2 ANIS ÉTOILÉ, DANS UNE ÉTAMINE
- 130 G (½ TASSE) DE PRUNEAUX SÉCHÉS
- ½ COURGE BUTTERNUT, PELÉE, GRAINES ET FILAMENTS RETIRÉS, COUPÉE EN CUBES DE 3 CM (1 ¼ PO)

1. **SALER TOUS LES CÔTÉS DU RÔTI**, puis le laisser reposer pendant 1 heure. Bien l'éponger ensuite à l'aide de papier essuie-tout.
2. **PRÉCHAUFFER LE FOUR** à 165 °C (325 °F). Dans une grande casserole à fond épais ou dans une cocotte en fonte émaillée, faire chauffer l'huile à feu moyen-vif. Baisser à feu moyen et saisir la viande pendant environ 5 minutes sur chacune de ses faces. Poivrer. Retirer la viande et réserver.
3. **ENTRE-TEMPS, FAIRE INFUSER LE THÉ** dans 500 ml (2 tasses) d'eau bouillante pendant 15 minutes. Retirer les sachets. Réserver.
4. **METTRE LES OIGNONS** dans la casserole et les cuire, à couvert, à feu doux pendant environ 10 minutes, jusqu'à ce qu'ils soient bien tendres. Saler et poivrer. Ajouter le thé et bien racler le fond de la casserole avec une cuillère en bois afin de dissoudre les sucs.
5. **REMETTRE LE BŒUF** dans la casserole et ajouter l'anis étoilé. Ajouter de l'eau, au besoin, afin que le liquide couvre presque complètement la viande. Couvrir et cuire au four pendant 2 heures. Ajouter les pruneaux et la courge. Retourner la pièce de viande et poursuivre la cuisson pendant environ 30 minutes, à découvert, en prenant soin de l'arroser toutes les 15 minutes. Rectifier l'assaisonnement, au besoin. Lorsque le bœuf est prêt, la courge est tendre et l'os se détache facilement de la viande. Retirer l'anis étoilé.
6. **SERVIR AVEC UNE PURÉE** de pommes de terre.

Ce plat de bœuf est encore meilleur le lendemain. Faites d'une pierre deux coups, enlevez le gras figé avant de réchauffer le plat. / Si vous êtes sensible à la caféine, laissez infuser les sachets de thé de 20 à 30 secondes et jetez cette première eau d'infusion. Infusez le thé de nouveau, tel qu'indiqué dans la recette. / Vous pouvez remplacer la courge Butternut par d'autres types de courge : Delicata, Ambercup, Buttercup, Hubbard bleue, Pink Jumbo Banana ou potimarron.

PRÉPARATION : 15 MINUTES
CUISSON : 20 MINUTES
DONNE 4 PORTIONS

OMELETTES SOUFFLÉES À LA COURGE SUCRINE DU BERRY ET AU PARMESAN

- BEURRE
- 5 ŒUFS, BLANCS ET JAUNES SÉPARÉS
- 180 G (¾ TASSE) DE COURGE SUCRINE DU BERRY CUITE, (DÉJÀ PRÉPARÉE, VOIR P. 48), OU ÉCRASÉE À LA FOURCHETTE OU EN PURÉE
- 25 G (⅓ TASSE) DE PARMESAN, RÂPÉ FINEMENT
- 2 C. À SOUPE DE CIBOULETTE OU D'OIGNONS VERTS, CISELÉS
- SEL ET POIVRE DU MOULIN
- PIMENT SÉCHÉ, EN FLOCONS, AU GOÛT

1. **PLACER LA GRILLE AU CENTRE DU FOUR.** Préchauffer le four à 190 °C (375 °F). Beurrer 4 ramequins individuels d'environ 250 ml (1 tasse) ou un seul moule de 1 litre (4 tasses). Dans un petit bol, fouetter les blancs d'œufs avec un peu de sel jusqu'à l'obtention de pics mous. Réserver.

2. **DANS UN AUTRE BOL,** fouetter les jaunes d'œufs. Y ajouter la courge, le parmesan, la ciboulette, le sel, le poivre et le piment en flocons. Bien mélanger.

3. **AJOUTER LES BLANCS D'ŒUFS** au mélange précédent, en pliant le mélange délicatement avec une spatule. Verser dans les moules individuels et cuire au four pendant environ 20 minutes (ou de 30 à 40 minutes dans un moule unique), jusqu'à ce que les omelettes soient prises et bien gonflées.

Aériennes et moelleuses, ces omelettes ressemblent à de petits soufflés, sauf qu'elles sont plus faciles à préparer. Un véritable délice avec une salade verte et du bon pain. / Vous pouvez remplacer la courge Sucrine du Berry par d'autres types de courge : Marina di Chioggia, potimarron ou Butternut.

PRÉPARATION : 45 MINUTES
ATTENTE : 1 NUIT
CUISSON : 5 MINUTES AVANT LA STÉRILISATION
DONNE 3 POTS DE 500 ML (2 TASSES)

MARINADES DE COURGETTES AU CARI, À L'ÉRABLE ET AU GINGEMBRE

- 1 KG (7 TASSES) DE COURGETTES, TRANCHÉES FINEMENT
- 1 OIGNON, ÉMINCÉ
- 3 C. À SOUPE DE SEL POUR MARINADES
- 2 C. À SOUPE DE GINGEMBRE FRAIS, HACHÉ FINEMENT
- 2 C. À CAFÉ (2 C. À THÉ) DE GRAINES DE CORIANDRE
- 1 C. À CAFÉ (1 C. À THÉ) DE GRAINES DE MOUTARDE
- 1 C. À CAFÉ (1 C. À THÉ) DE PIMENT SÉCHÉ, EN FLOCONS
- 180 ML (3/4 TASSE) DE VINAIGRE DE CIDRE
- 180 ML (3/4 TASSE) DE VINAIGRE BLANC
- 160 ML (2/3 TASSE) DE SIROP D'ÉRABLE
- 1 C. À SOUPE DE CARI
- 1 C. À CAFÉ (1 C. À THÉ) DE CURCUMA

1. **DANS UN GRAND BOL**, mélanger les courgettes, l'oignon et le sel. Bien mélanger. Couvrir et réfrigérer jusqu'au lendemain.
2. **VERSER LES COURGETTES** et l'oignon dans une passoire, les égoutter et bien les rincer sous l'eau courante. Presser pour enlever le maximum d'eau. Ajouter le gingembre, les graines de coriandre, les graines de moutarde et le piment en flocons. Entasser dans des pots stérilisés.
3. **DANS UNE CASSEROLE** en acier inoxydable, à feu vif, porter à ébullition les vinaigres, 180 ml (3/4 tasse) d'eau, le sirop d'érable et le cari.
4. **VERSER DANS LES POTS.** Sceller en suivant les étapes de stérilisation à l'eau bouillante.

Vive la mandoline ! C'est une précieuse alliée pour obtenir des tranches d'égale épaisseur et sauver beaucoup de temps. / Ces marinades seront plus savoureuses 2 ou 3 semaines après leur mise en pots. / Vous pouvez remplacer les courgettes par d'autres types de courge : faites votre choix parmi toutes les autres courges d'été.

PRÉPARATION : 30 MINUTES
CUISSON : 1 HEURE 15 MINUTES AVANT LA STÉRILISATION
DONNE 6 POTS DE 250 ML (1 TASSE)

MARMELADE D'ORANGES ET DE COURGETTES JAUNES

- 2 GROSSES ORANGES NAVELS OU ORANGES SANS PÉPIN OU 3 PETITES, LAVÉES ET BROSSÉES
- 950 G (6 TASSES) DE COURGETTES JAUNES, COUPÉES EN JULIENNE
- 500 ML (2 TASSES) DE JUS D'ORANGE
- 1,25 KG (6 TASSES) DE SUCRE BLANC
- 2 C. À SOUPE DE GINGEMBRE FRAIS, RÂPÉ FINEMENT
- 60 ML (¼ TASSE) DE JUS DE CITRON VERT

1. **PELER LES ORANGES À VIF.** Couper la chair en cubes de 1 cm (env. ½ po) et la déposer dans une grande casserole. Réserver.
2. **ÉMINCER FINEMENT L'ÉCORCE** des oranges avec la membrane blanche. Dans une autre casserole, couvrir l'écorce d'eau froide et porter à ébullition. Égoutter, puis répéter l'opération encore 2 fois.
3. **DANS LA GRANDE CASSEROLE,** ajouter à la chair d'orange l'écorce, les courgettes, le jus d'orange, le sucre et le gingembre. Porter à ébullition et laisser mijoter pendant environ 1 heure à feu moyen, en remuant fréquemment. Pour vérifier la cuisson, utiliser la méthode du thermomètre ou de l'assiette froide. Si la température est de 103 à 104 °C (217 à 219 °F), la marmelade est suffisamment gélifiée. Pour utiliser la méthode de l'assiette froide, mettre au congélateur 2 ou 3 petites assiettes en verre ou en porcelaine. Verser une cuillerée de marmelade dans une assiette froide, puis la remettre au congélateur pendant environ 2 minutes. Si, en inclinant l'assiette, la marmelade est épaisse et coule lentement, elle est prête. Sinon, recommencer avec une autre assiette.
4. **QUAND LA MARMELADE EST PRÊTE,** ajouter le jus de citron vert et cuire encore 1 minute.
5. **METTRE LA MARMELADE DANS DES POTS STÉRILISÉS.** Sceller en suivant les étapes de stérilisation à l'eau bouillante.

Pour couper les courgettes en julienne, rien de tel que la mandoline ! / Savourez cette marmelade avec des scones, des rôties ou des croissants. Ou garnissez du yogourt nature ou un gâteau au chocolat de marmelade. / Le saviez-vous ? L'expression « peler à vif » signifie enlever l'écorce et la membrane blanche des agrumes à l'aide d'un couteau de manière que la chair soit « à vif ».

PRÉPARATION : 30 MINUTES
ATTENTE : 12 HEURES
CUISSON : 1 HEURE
DONNE 5 POTS DE 250 ML (1 TASSE)

RELISH MULTICOLORE AUX COURGETTES

- 800 G (6 TASSES) DE COURGETTES JAUNES ET DE COURGETTES VERTES, HACHÉES FINEMENT
- 330 G (2 TASSES) D'OIGNONS BLANCS, HACHÉS FINEMENT
- 1 POIVRON ROUGE, ÉPÉPINÉ ET HACHÉ
- ½ POIVRON VERT, ÉPÉPINÉ ET HACHÉ
- ½ POIVRON ORANGE, ÉPÉPINÉ ET HACHÉ
- 60 G (¼ TASSE) DE SEL POUR MARINADES
- 265 G (1 ¼ TASSE) DE SUCRE BLANC
- 310 ML (1 ¼ TASSE) DE VINAIGRE BLANC
- 1 C. À SOUPE DE GRAINES DE MOUTARDE
- ½ C. À SOUPE DE GRAINES DE FENOUIL
- ½ C. À SOUPE DE GRAINES DE CORIANDRE
- ½ C. À CAFÉ (½ C. À THÉ) DE PIMENT SÉCHÉ, EN FLOCONS

1. **DANS UN GRAND BOL** en verre ou en acier inoxydable, faire dégorger les courgettes, les oignons et les poivrons avec le sel pendant au moins 12 heures. Rincer à l'eau froide et égoutter. Presser avec les mains pour enlever l'excès de liquide.

2. **DANS UNE CASSEROLE** en acier inoxydable, combiner le mélange de légumes égouttés, le sucre, le vinaigre, les graines de moutarde, les graines de fenouil, les graines de coriandre et le piment en flocons. Porter à ébullition à feu moyen-vif, en remuant à l'occasion. Réduire le feu et laisser mijoter, en remuant souvent, pendant environ 45 minutes ou jusqu'à consistance un peu plus liquide qu'une relish du commerce.

3. **VERSER DANS DES POTS STÉRILISÉS.** Sceller en suivant les étapes de stérilisation à l'eau bouillante.

Contrairement aux relishes du commerce, ce condiment maison ne contient aucun colorant. / Cette relish est savoureuse dans les hamburgers et les hot-dogs, mais vous pouvez aussi la transformer en sauce tartare (moitié relish, moitié mayonnaise) pour accompagner le poisson. / Vous pouvez remplacer les courgettes par d'autres types de courge : faites votre choix parmi toutes les autres courges d'été.

PRÉPARATION : 15 MINUTES
CUISSON : 5 MINUTES
ATTENTE : 2 SEMAINES
DONNE 3 POTS DE 250 ML (1 TASSE)

OVNIS DE MINI-PÂTISSONS MARINÉS

- 700 G (1 ½ LB) DE MINI-PÂTISSONS JAUNES
- 180 G (¾ TASSE) DE GROS SEL POUR MARINADES
- 750 ML (3 TASSES) DE VINAIGRE BLANC
- 3 FEUILLES DE LAURIER
- 2 C. À CAFÉ (2 C. À THÉ) DE GRAINES DE FENOUIL
- 2 C. À CAFÉ (2 C. À THÉ) DE GRAINES DE MOUTARDE
- 2 C. À CAFÉ (2 C. À THÉ) DE GRAINES DE CORIANDRE

1. **DÉPOSER LES PÂTISSONS** dans un grand bol, puis les saupoudrer de sel. Les laisser reposer 24 heures. Les égoutter, les rincer, puis les égoutter de nouveau.
2. **DANS UNE CASSEROLE** en acier inoxydable, porter le vinaigre à ébullition et laisser tiédir.
3. **METTRE LES PÂTISSONS**, les feuilles de laurier, les graines de fenouil, les graines de moutarde et les graines de coriandre dans des pots stérilisés. Couvrir de vinaigre et fermer hermétiquement.
4. **LAISSER REPOSER AU MOINS 2 SEMAINES** pour que les saveurs s'adoucissent.

Ces petits pâtissons accompagnent joliment les pâtés de campagne et les rillettes. / Conservation : Les mini-pâtissons se conservent au réfrigérateur jusqu'à 6 semaines. / Un truc : Après avoir fini le dernier pâtisson, au lieu de jeter le vinaigre, faites-en un nouveau condiment en y ajoutant de l'oignon haché. Après quelques jours, les oignons serviront de garniture à des salsas et à des hamburgers, et le vinaigre pourra servir à parfumer une salade de chou ou une salade de pommes de terre.

PRÉPARATION : 30 MINUTES
ATTENTE: 12 À 24 HEURES
CUISSON : 2 HEURES AVANT LA STÉRILISATION
DONNE 375 ML (1 ½ TASSE)

CONFITURE À LA CITROUILLE JACK-O-LANTERN DE MA MÈRE

- 400 G (3 TASSES) DE CUBES DE CITROUILLE JACK-O-LANTERN, D'ENVIRON 1 CM (½ PO)
- 315 G (1 ½ TASSE) DE SUCRE
- 1 C. À SOUPE D'EAU
- 1 BÂTON DE CANNELLE DE 8 CM (3 PO)
- RHUM, LIQUEUR À L'ORANGE OU WHISKY À L'ÉRABLE (FACULTATIF)

1. **LA VEILLE**, étendre les cubes de citrouille sur un linge propre, recouvrir du linge, puis les laisser reposer à température ambiante jusqu'au lendemain.

2. **DANS UNE CASSEROLE**, mélanger tous les ingrédients et les faire mijoter doucement de 1 ½ à 2 heures, en remuant de temps à autre, jusqu'à ce que la citrouille soit transparente et que le sirop soit assez épais.

3. **VERSER DANS DES POTS STÉRILISÉS** et couvrir chaque pot de 1 c. à soupe de rhum. Sceller en suivant les étapes de stérilisation à l'eau bouillante.

Un truc : Le secret que ma mère tenait elle-même de sa mère, c'est d'y aller mollo avec la cannelle pour parfumer légèrement, sans masquer le goût de la citrouille. / Un autre truc : Si vous désirez que le goût de l'alcool soit plus doux, ajoutez le rhum lorsque la confiture est prête et poursuivez la cuisson pendant 2 minutes. / Cette confiture est délicieuse avec du yogourt nature, avec des crêpes ou encore dans un salade de fruits ou dans les gâteaux. / Vous pouvez remplacer la citrouille Jack-o-lantern par de la citrouille Small Sugar.

PRÉPARATION : 30 MINUTES
CUISSON : 40 MINUTES
DONNE 750 ML (3 TASSES)

CHUTNEY DE COURGE LADY GODIVA ET DE POMME D'ALEXANDRE LOISEAU

- 500 ML (2 TASSES) DE VINAIGRE DE CIDRE
- 210 G (1 TASSE) DE SUCRE BLANC
- 500 G (3 TASSES) DE CUBES DE COURGE LADY GODIVA DE 0,5 CM (¼ PO)
- 100 G (1 TASSE) DE POMME REINETTE OU CORTLAND, PELÉE, ÉPÉPINÉE ET COUPÉE EN CUBES DE 0,5 CM (¼ PO)
- 1 PETIT OIGNON, CISELÉ
- 1 GOUSSE D'AIL, HACHÉE
- 2 C. À SOUPE DE GINGEMBRE FRAIS, RÂPÉ FINEMENT
- SEL À MARINER OU SEL CASHER ET POIVRE DU MOULIN

1. **DANS UNE CASSEROLE À FOND ÉPAIS** en acier inoxydable ou en fonte émaillée, porter le vinaigre et le sucre à ébullition, à feu vif.
2. **AJOUTER LE RESTE DES INGRÉDIENTS** et laisser mijoter doucement, de 25 à 40 minutes, jusqu'à ce que les courges soient cuites à cœur et que le mélange ait la consistance d'un ketchup maison. Rectifier l'assaisonnement, au besoin.

Au Bistro Cocagne, le chef Alexandre Loiseau étonne chaque automne en proposant à sa clientèle un menu raffiné entièrement consacré à la courge. / Il suggère de servir son chutney aigre-doux avec du foie gras, des terrines, des rillettes, du pâté chinois, des tourtières, un croque-monsieur, du steak de cerf, du rôti de porc à l'ail ou des fromages, ou encore d'en faire une purée à incorporer dans les sauces. / Vous pouvez remplacer la courge Lady Godiva par de la courge Butternut ou de la courge Futtsu.

PRÉPARATION : 20 MINUTES
CUISSON : 1 HEURE 50 MINUTES AVANT LA STÉRILISATION
DONNE 3 POTS DE 250 ML (1 TASSE)

SAUCE AUX PRUNES SANS PRUNES (!) À LA COURGE LADY GODIVA

SAUCE POUR LES PÂTÉS IMPÉRIAUX

- 1 KG (8 TASSES) DE GROS CUBES DE COURGE LADY GODIVA
- 125 ML (½ TASSE) D'EAU
- 635 G (3 TASSES) DE SUCRE
- 3 À 4 GOUSSES D'AIL, PRESSÉES
- 375 ML (1 ½ TASSE) DE KETCHUP
- ½ C. À CAFÉ (½ C. À THÉ) DE PIMENT SÉCHÉ, EN FLOCONS
- 310 ML (1 ¼ TASSE) DE VINAIGRE DE CIDRE
- 1 C. À SOUPE DE SAUCE AU POISSON (NUOC-MÂM) (FACULTATIF)

1. **DANS UNE GRANDE CASSEROLE**, à feu moyen-vif, porter les cubes de Lady Godiva et l'eau à ébullition, puis laisser mijoter à feu doux de 30 à 50 minutes, en remuant de temps à autre, jusqu'à ce que la courge soit tendre.

2. **AJOUTER LE RESTE DES INGRÉDIENTS** et poursuivre la cuisson pendant 1 heure à feu doux, en remuant de temps à autre.

3. **AU ROBOT CULINAIRE**, réduire en une purée lisse. Verser dans des pots stérilisés et sceller en suivant les étapes de stérilisation à l'eau bouillante ou congeler.

Cette sauce accompagne à merveille les pâtés impériaux, mais elle peut aussi relever les croquettes de poulet et les viandes grillées. / Vous pouvez remplacer la courge Lady Godiva par de la citrouille Jack-o-lantern.

PRÉPARATION : 40 MINUTES PAR RECETTE
ATTENTE : 21 JOURS
DONNE DE 750 ML À 1 LITRE (3 À 4 TASSES)

LACTOFERMENTATIONS

LACTOFERMENTATION DE COURGE BUTTERNUT ET DE CAROTTES

- 640 G (4 TASSES) DE COURGE BUTTERNUT, PELÉE, GRAINES ET FILAMENTS RÉTIRÉS, TRANCHÉE FINEMENT ET TASSÉE
- 140 G (1 TASSE) DE CAROTTES, TRANCHÉES FINEMENT ET TASSÉES
- 2 ½ C. À CAFÉ (2 ½ C. À THÉ) DE GROS CRISTAUX DE SEL CASHER OU DE SEL DE MER

LACTOFERMENTATION DE COURGE BUTTERNUT ET DE CHOU

- 345 G (2 TASSES) DE COURGE BUTTERNUT, PELÉE, GRAINES ET FILAMENTS RETIRÉS, EN JULIENNE ET TASSÉE
- 240 G (2 TASSES) DE CHOU VERT, EN JULIENNE, TASSÉ
- ⅛ À ¼ C. À CAFÉ (⅛ À ¼ C. À THÉ) DE PIMENT SÉCHÉ, EN FLOCONS
- ½ C. À CAFÉ (½ C. À THÉ) D'ÉPICES À MARINADES
- 2 C. À CAFÉ (2 C. À THÉ) DE GROS CRISTAUX DE SEL CASHER OU DE SEL DE MER

1. **POUR PRÉPARER UNE SAUMURE**, faire bouillir de l'eau filtrée, y dissoudre 2 % de son poids en sel casher ou sel de mer, soit 3,5 g ou ½ c. à café (½ c. à thé) de gros cristaux de sel pour 180 ml (¾ tasse) d'eau. Laisser refroidir.
2. **DANS UN GRAND BOL**, mélanger les ingrédients, selon la recette, et masser avec les mains de 15 à 20 minutes, jusqu'à ce que les légumes soient bien dégorgés.
3. **VERSER DANS DES POTS EN VERRE** bien propres (de type Mason), en tassant énergiquement le mélange au fur et à mesure du remplissage pour enlever complètement l'air et remplir les pots aux ¾. Si les légumes ne sont pas entièrement immergés dans leur jus de dégorgement, ajouter de la saumure. Fermer les pots sans trop visser la bague pour permettre l'évacuation de gaz.
4. **LAISSER FERMENTER** pendant au moins 3 semaines dans un endroit frais, à l'abri des vibrations et de la lumière. Réfrigérer. Se conservent de 6 mois à 1 an.

Comme dans le cas de la choucroute et du kimchi, d'agréables saveurs acidulées se développent pendant le processus de lactofermentation. Cette ancienne méthode de conservation à cru préserve la valeur nutritive des aliments et leur côté croustillant. Elle favorise aussi le développement de bactéries favorables à la santé. / Vous pouvez utiliser ces préparations comme condiments. Elles sont délicieuses pour accompagner les charcuteries, les viandes grillées et le poisson pané. / Deux règles d'or pour réussir : 1. Ajouter 2 % (en poids) de sel non iodé aux légumes et 2. S'assurer que les légumes n'aient aucun contact avec l'air. / Au moindre signe d'échec (odeur nauséabonde, présence de moisissures ou de levures), jetez le produit. Un pH inférieur à 4,5 indique que l'aliment est sans danger. En cas de doute, utilisez des bandelettes pour mesurer le pH (vous en trouverez chez les distributeurs d'équipement de laboratoire).

PRÉPARATION : 15 MINUTES
CUISSON : 40 MINUTES
DONNE 12 MUFFINS

MUFFINS AUX COURGETTES ET AUX NOIX

- 100 G (3/4 TASSE) DE FARINE TOUT USAGE NON BLANCHIE
- 100 G (3/4 TASSE) DE FARINE DE BLÉ ENTIER
- 100 G (1/2 TASSE) DE CASSONADE LÉGÈREMENT TASSÉE
- 1 C. À SOUPE DE POUDRE À PÂTE (LEVURE CHIMIQUE)
- 1/2 C. À CAFÉ (1/2 C. À THÉ) DE CINQ-ÉPICES CHINOIS, MOULU
- 1/2 C. À CAFÉ (1/2 C. À THÉ) DE SEL
- 40 G (1/3 TASSE) DE NOIX DE GRENOBLE, GROSSIÈREMENT HACHÉES (FACULTATIF)
- 50 G (1/3 TASSE) DE RAISINS SECS
- 1 COURGETTE VERTE
- 2 ŒUFS, LÉGÈREMENT BATTUS
- 60 ML (1/4 TASSE) D'HUILE DE CANOLA
- 1/2 C. À CAFÉ (1/2 C. À THÉ) D'EXTRAIT DE VANILLE
- 250 G (1 1/2 TASSE) DE COURGETTE VERTE, RÂPÉE GROSSIÈREMENT

1. **PLACER LA GRILLE** au centre du four. Préchauffer le four à 190 °C (375 °F). Couvrir un moule à muffins moyens de moules en papier. Dans un grand bol, mélanger les farines, la cassonade, la poudre à pâte, le cinq-épices et le sel. Ajouter les noix et les raisins aux ingrédients secs. Bien mélanger.

2. **À L'AIDE D'UN COUTEAU ÉCONOME**, prélever 12 bandes de peau sur une courgette. Réserver.

3. **DANS UN BOL MOYEN**, mélanger les œufs, l'huile, la vanille et la courgette râpée. Verser sur les ingrédients secs. Avec une cuillère en bois, remuer juste assez, c'est-à-dire jusqu'à ce que les ingrédients secs soient humectés.

4. **RÉPARTIR LA PÂTE** entre les moules. Décorer avec les bandes de peau de courgette enroulées en spirale, en les pressant légèrement dans la pâte. Cuire de 35 à 40 minutes, jusqu'à ce qu'un cure-dent inséré au milieu d'un muffin en ressorte propre. Attendre un peu avant de démouler, puis laisser refroidir sur une grille.

Attention ! Ces muffins sont tendres, mignons et savoureux. Alors, ne soyez pas surpris s'ils disparaissent rapidement... / Un truc pour la pâtisserie et la confection de pain : Quand vous mesurez la farine avec une tasse à mesurer, pour plus de précision, prenez soin d'aérer d'abord la farine en la brassant avec une cuillère. Déposez ensuite la farine dans la tasse, par cuillerées, sans la tasser. Remplissez la tasse, puis égalisez la farine avec un couteau. / Vous pouvez remplacer les courgettes par du zucchini Romanesco.

PRÉPARATION : 15 MINUTES
CUISSON : 20 MINUTES PAR FOURNÉE
DONNE ENVIRON 36 BISCUITS

BISCUITS À LA CITROUILLE DE SŒUR BERTHE

(TIRÉ ET ADAPTÉ DU LIVRE LES RECETTES DE SŒUR BERTHE : CUISINE D'AUTOMNE, ÉDITIONS DU JOUR, 1973.)

- 165 G (1 ¼ TASSE) DE FARINE TOUT USAGE NON BLANCHIE, TAMISÉE
- ½ C. À SOUPE DE POUDRE À PÂTE (LEVURE CHIMIQUE)
- ¼ C. À CAFÉ (¼ C. À THÉ) DE CANNELLE
- ¼ C. À CAFÉ (¼ C. À THÉ) DE MUSCADE
- ¼ C. À CAFÉ (¼ C. À THÉ) DE SEL
- ⅛ C. À CAFÉ (⅛ C. À THÉ) DE GINGEMBRE MOULU
- 75 G (½ TASSE) DE RAISINS SECS
- 60 G (½ TASSE) DE NOIX HACHÉES
- 60 G (¼ TASSE) DE BEURRE RAMOLLI
- 125 G (⅔ TASSE) DE CASSONADE LÉGÈREMENT TASSÉE
- 180 G (¾ TASSE) DE PURÉE DE CITROUILLE (DÉJÀ PRÉPARÉE, VOIR P. 48)
- 1 ŒUF, BIEN BATTU

1. **PLACER LA GRILLE** au centre du four. Préchauffer le four à 190 °C (375 °F). Dans un bol, tamiser la farine, la poudre à pâte, la cannelle, la muscade, le sel et le gingembre. Ajouter les raisins secs et les noix. Réserver.

2. **AU BATTEUR ÉLECTRIQUE**, crémer le beurre et ajouter graduellement la cassonade pour obtenir un mélange léger. Ajouter la purée de citrouille et l'œuf battu. À l'aide d'une cuillère en bois, incorporer les ingrédients secs et bien mélanger.

3. **DÉPOSER LA PÂTE** par petites cuillerées sur une plaque de cuisson. Cuire au four de 15 à 20 minutes. Laisser tiédir les biscuits sur la plaque pendant quelques minutes, puis les mettre sur une grille. Répéter l'opération pour le reste de la pâte.

Diplômée Cordon Bleu de Paris, entre autres formations de prestige, sœur Berthe Sansregret fut l'une des pionnières dans le monde de la cuisine télévisée au Québec. Par ses fréquentes apparitions à la télé et ses nombreuses publications, elle a inspiré bien des « ménagères » des années 1970. / Un truc : Cannelle, muscade et gingembre, c'est le mélange d'épices classique qui relève le goût de la citrouille. Cette recette les contient toutes, bien sûr. Mais pour donner plus de punch, remplacez le gingembre moulu par 1 c. à soupe de gingembre frais, râpé finement. Ajoutez-le aux ingrédients humides. / Vous pouvez aussi remplacer les noix par des graines de citrouille écalées. / Vous pouvez également remplacer la purée de citrouille par de la purée d'autres types de citrouille : Jack-be-little, Jack-o-lantern ou Small Sugar.

PRÉPARATION : 10 MINUTES
CUISSON : 25 MINUTES
ATTENTE: AU MOINS 2 HEURES
DONNE 12 CRÊPES DE 18 CM (7 PO)

CRÊPES À L'AVOINE ET À LA CITROUILLE SMALL SUGAR

- 130 G (1 TASSE) DE FARINE TOUT USAGE NON BLANCHIE
- 55 G (½ TASSE) DE GRUAU À CUISSON RAPIDE
- 1 C. À SOUPE DE CASSONADE
- ⅛ C. À CAFÉ (⅛ C. À THÉ) DE SEL
- 2 ŒUFS
- 160 G (⅔ TASSE) DE PURÉE DE CITROUILLE SMALL SUGAR (DÉJÀ PRÉPARÉE, VOIR P. 48)
- 2 C. À SOUPE D'HUILE DE CANOLA
- 500 ML (2 TASSES) DE LAIT
- BEURRE

La garniture

- SIROP D'ÉRABLE OU CONFITURE DE CITROUILLE

1. **DANS UN GRAND BOL**, mélanger la farine, le gruau, la cassonade et le sel.
2. **DANS UN BOL MOYEN**, fouetter les œufs jusqu'à consistance légère. Ajouter la purée de citrouille, l'huile et le lait. Bien mélanger. Verser dans les ingrédients secs et bien mélanger. Laisser reposer au réfrigérateur pendant au moins 2 heures ou, mieux, toute la nuit.
3. **À FEU MOYEN**, chauffer un poêlon antiadhésif jusqu'à ce qu'il soit bien chaud. Y faire fondre une noisette de beurre. Pour faire chacune des crêpes, verser 60 ml (¼ tasse) de la préparation dans le poêlon et bien l'étendre en basculant le poêlon. Laisser cuire la crêpe jusqu'à ce que des bulles se forment à la surface et que le dessous soit doré. La retourner et la laisser cuire jusqu'à ce que le dessous soit doré.
4. **SERVIR LES CRÊPES** avec du sirop d'érable ou de la confiture de citrouille.

Pour les grandes occasions, comme un petit-déjeuner au lit, remplacez l'huile par 3 c. à soupe de beurre noisette, un vrai délice. Pour faire du beurre noisette, chauffez du beurre à feu moyen, en remuant de temps à autre, jusqu'à ce qu'il soit bien doré et que des dépôts solides de lait, couleur chocolat, se forment. Décanter. / Un truc : Pour préparer les crêpes plus rapidement, utilisez 2 poêlons à la fois. / Vous pouvez remplacer la purée par le même volume de courge râpée finement. / Vous pouvez aussi remplacer la purée de citrouille Small Sugar par de la purée d'autres types de courge : Jack-be-little, Jack-o-lantern, Sweet Dumpling, Pink Jumbo Banana, potimarron, Butternut ou Futtsu.

PRÉPARATION : 35 MINUTES
CUISSON : 35 MINUTES
DONNE 12 PETITS GÂTEAUX

CUPCAKES À LA COURGE SWEET DUMPLING

La pâte

- 200 G (2 TASSES) DE FARINE À GÂTEAU TAMISÉE
- 1 C. À CAFÉ (1 C. À THÉ) DE POUDRE À PÂTE (LEVURE CHIMIQUE)
- ½ C. À CAFÉ (½ C. À THÉ) DE BICARBONATE DE SOUDE
- ¼ C. À CAFÉ (¼ C. À THÉ) DE SEL
- 80 G (⅓ TASSE) DE BEURRE RAMOLLI
- 160 G (¾ TASSE) DE SUCRE
- 2 ŒUFS
- 200 G (¾ TASSE) DE PURÉE DE COURGE SWEET DUMPLING (DÉJÀ PRÉPARÉE, VOIR P. 48)
- 80 ML (⅓ TASSE) DE LAIT
- 1 C. À CAFÉ (1 C. À THÉ) D'EXTRAIT DE VANILLE

Le glaçage

- 60 G (¼ TASSE) DE FROMAGE À LA CRÈME, RAMOLLI
- 60 G (½ TASSE) DE CHOCOLAT BLANC HACHÉ, FONDU ET LÉGÈREMENT REFROIDI
- 125 G (1 TASSE) DE SUCRE À GLACER NON TAMISÉ

1. **PLACER LA GRILLE** au centre du four. Préchauffer le four à 180 °C (350 °F). Couvrir un moule à muffins moyens de moules en papier. Dans un bol moyen, tamiser la farine avec la poudre à pâte, le bicarbonate de soude et le sel. Réserver.

2. **DANS UN GRAND BOL**, à l'aide d'un batteur électrique, battre le beurre en crème. Ajouter le sucre progressivement et bien mélanger, jusqu'à ce que la pâte soit légère. Ajouter les œufs, un à la fois, et mélanger, jusqu'à l'obtention d'une crème bien lisse. Ajouter la purée, le lait et ½ c. à café (½ c. à thé) de vanille. Battre jusqu'à ce que le mélange soit homogène. À l'aide d'une cuillère en bois, incorporer graduellement les ingrédients secs.

3. **RÉPARTIR LE MÉLANGE** dans les moules à muffins. Cuire au four pendant environ 35 minutes, jusqu'à ce qu'un cure-dent inséré au centre des gâteaux en ressorte propre. Les laisser tiédir pendant 10 minutes, les démouler et les laisser refroidir sur une grille.

4. **POUR FAIRE LE GLAÇAGE** : À l'aide d'un batteur électrique, battre le fromage à la crème. Ajouter graduellement le chocolat blanc fondu et ½ c. à café (½ c. à thé) de vanille. Fouetter jusqu'à ce que le mélange soit lisse. Ajouter en tamissant le sucre à glacer. Bien mélanger.

5. **GARNIR LES CUPCAKES** de glaçage.

Avec un four à convection, on obtient des cupcakes qui lèvent plus haut et dont la surface est plus dorée et croustillante qu'avec un four conventionnel. Réduisez alors la température à 165 °C (325 °F) et faites cuire les gâteaux de 20 à 25 minutes. / La farine à gâteau donne des gâteaux plus légers, mais vous pouvez très bien la remplacer par de la farine tout usage. Dans cette recette, remplacez la farine à gâteau par 230 g (1 ¾ tasse) de farine tout usage non blanchie. / Vous pouvez aussi remplacer la purée de courge Sweet Dumpling par de la purée d'autres types de courge : potimarron, Butternut ou Futtsu.

PRÉPARATION : 15 MINUTES
ATTENTE : 13 HEURES 30 MINUTES
CUISSON : 45 MINUTES
DONNE 1 MICHE

MICHE DE PAIN À LA GALEUSE D'EYSINES EN COCOTTE

- 400 G (3 TASSES) DE FARINE TOUT USAGE NON BLANCHIE PLUS UNE QUANTITÉ SUPPLÉMENTAIRE POUR SAUPOUDRER
- 1 C. À CAFÉ (1 C. À THÉ) DE SEL
- ½ C. À CAFÉ (½ C. À THÉ) DE LEVURE SÈCHE INSTANTANÉE
- 310 G (1 ¼ TASSE) DE PURÉE DE COURGE GALEUSE D'EYSINES (DÉJÀ PRÉPARÉE, VOIR P. 48), À TEMPÉRATURE AMBIANTE
- 3 C. À SOUPE DE GRAINES DE CITROUILLE ÉCALÉES

1. **DANS UN GRAND BOL**, mélanger la farine, le sel et la levure. Ajouter la purée et bien mélanger avec les mains, jusqu'à ce que la pâte soit lisse et que la farine toute humectée. Si la pâte colle trop aux doigts, ajouter un peu de farine. Façonner une boule, puis la déposer dans le bol saupoudré de farine. Saupoudrer la boule de farine, couvrir le bol de pellicule plastique et laisser lever de 8 à 12 heures à température ambiante.

2. **SUR UNE SURFACE NON FARINÉE**, déposer les graines de citrouille. Réserver.

3. **DÉGONFLER LA PÂTE** avec le poing et former une boule lisse sur une surface légèrement farinée. Presser la boule sur les graines de citrouille pour que les graines soient bien incrustées sous la pâte. Déposer la boule sur un linge propre fariné, les graines dessous. Fariner légèrement le dessus de la pâte, puis l'envelopper du linge, assez serré. Laisser reposer à température ambiante pendant 1 ½ heure.

4. **PLACER LA GRILLE** dans le bas du four. Y déposer une cocotte en fonte émaillée et son couvercle. Préchauffer le four à 230 °C (450 °F). Déposer délicatement la boule de pâte dans la cocotte avec les graines sur le dessus. Mettre le couvercle et cuire au four pendant 30 minutes. Retirer le couvercle, baisser la température à 200 °C (400 °F) et cuire de 10 à 15 minutes, jusqu'à ce que la croûte soit bien dorée. Retirer la miche de la cocotte et la laisser refroidir sur une grille.

Cette recette originale m'a été offerte par mon prince charmant ! Imaginez… un pain maison avec une croûte craquante et une mie délicieuse et vitaminée, d'un beau jaune orangé. / Voici une façon de faire du pain qui est très simple. Même pas besoin de pétrir ou presque. Il faut juste avoir la patience d'attendre que le processus de panification se fasse pratiquement tout seul. / Vous pouvez aussi remplacer la purée de courge Galeuse d'Eysines par de la purée d'autres types de courge : Jack-o-lantern, Small Sugar, potimarron ou Sucrine du Berry.

PRÉPARATION : 30 MINUTES
CUISSON : 45 MINUTES
DONNE DE 8 À 10 PORTIONS

POUDING CHÔMEUR AU POTIMARRON

La sauce

250 ML (1 TASSE) DE SIROP D'ÉRABLE
250 ML (1 TASSE) DE CRÈME 35 %
100 G (½ TASSE) DE CASSONADE LÉGÈREMENT TASSÉE
60 ML (¼ TASSE) DE WHISKY (FACULTATIF)

La pâte

165 G (1 ¼ TASSE) DE FARINE TOUT USAGE NON BLANCHIE
1 C. À CAFÉ (1 C. À THÉ) DE POUDRE À PÂTE (LEVURE CHIMIQUE)
UNE PINCÉE DE SEL
60 G (¼ TASSE) DE BEURRE RAMOLLI
100 G (½ TASSE) DE SUCRE
1 ŒUF
180 G (¾ TASSE) DE PURÉE DE POTIMARRON (DÉJÀ PRÉPARÉE, VOIR P. 48)

1. **PRÉCHAUFFER LE FOUR** à 190 °C (375 °F). Dans une grande casserole, mélanger le sirop d'érable, la crème, la cassonade et le whisky. Cuire à feu vif jusqu'à ébullition, en surveillant bien pour ne pas que ça déborde. Retirer du feu et réserver.
2. **DANS UN BOL**, mélanger la farine avec la poudre à pâte et le sel. Réserver.
3. **À L'AIDE D'UN BATTEUR ÉLECTRIQUE**, mélanger le beurre et le sucre de 3 à 4 minutes, jusqu'à ce que la préparation blanchisse. Ajouter l'œuf et mélanger jusqu'à l'obtention d'une texture lisse.
4. **À BASSE VITESSE** ou avec une cuillère en bois, incorporer les ingrédients secs au mélange précédent en alternant avec la purée de courge. Procéder en 3 fois pour les ingrédients secs et en 2 fois pour la purée, commencer et finir par les ingrédients secs. Verser la pâte, puis l'étendre dans un grand de plat rectangulaire de 33 x 23 cm (13 x 9 po) ou dans des bols individuels allant au four. Couvrir la pâte de sauce en la versant délicatement sur les bords. Cuire au four de 35 à 40 minutes (grand plat) ou de 25 à 30 minutes (bols individuels), jusqu'à ce qu'un cure-dent inséré au centre de la pâte en ressorte propre. Laisser reposer pendant au moins 20 minutes. Déguster tiède.

Décadent ! / Vous pouvez remplacer la purée de potimarron par de la purée d'autres types de courge : Small Sugar, Sweet Dumpling ou Futtsu.

PRÉPARATION : 20 MINUTES
CUISSON : 30 MINUTES
DONNE DE 10 À 12 MUFFINS

MUFFINS À LA COURGE TURBAN D'ALADIN, À L'AVOINE ET AUX ÉPICES

- 2 ŒUFS, LÉGÈREMENT BATTUS
- 250 G (1 TASSE) DE PURÉE DE COURGE TURBAN D'ALADIN (DÉJÀ PRÉPARÉE, VOIR P. 48)
- 60 ML (1/4 TASSE) D'HUILE DE CANOLA
- 3 C. À SOUPE DE MÉLASSE
- 60 ML (1/4 TASSE) DE LAIT
- 1 C. À SOUPE DE GINGEMBRE FRAIS, RÂPÉ FINEMENT
- 200 G (1 1/2 TASSE) DE FARINE TOUT USAGE NON BLANCHIE
- 100 G (1 TASSE) DE FLOCONS D'AVOINE
- 30 G (1/4 TASSE) DE GERME DE BLÉ
- 70 G (1/3 TASSE) DE SUCRE
- 1 C. À SOUPE DE POUDRE À PÂTE
- 1/4 C. À CAFÉ (1/4 C. À THÉ) DE MUSCADE MOULUE
- 1/8 C. À CAFÉ (1/8 C. À THÉ) DE CANNELLE MOULUE
- 1/8 C. À CAFÉ (1/8 C. À THÉ) DE PIMENT DE LA JAMAÏQUE MOULU
- 1/4 C. À CAFÉ (1/4 C. À THÉ) DE SEL
- 155 G (1 TASSE) DE FIGUES SÉCHÉES, HACHÉES GROSSIÈREMENT
- GRAINES DE CITROUILLE ÉCALÉES OU PACANES POUR DÉCORER

1. **PLACER LA GRILLE** au centre du four. Préchauffer le four à 175 °C (350 °F). Couvrir un moule à muffins moyens de moules en papier. Dans un bol, mélanger les œufs, la purée de courge, l'huile, la mélasse, le lait et le gingembre. Réserver.

2. **DANS UN GRAND BOL**, mélanger la farine, les flocons d'avoine, le germe de blé, le sucre, la poudre à pâte, la muscade, la cannelle, le piment de la Jamaïque et le sel. Bien mélanger. Ajouter les figues et mélanger. Faire un puits au centre des ingrédients secs et y verser les ingrédients liquides. Avec une cuillère en bois, remuer juste assez, c'est-à-dire jusqu'à ce que les ingrédients secs soient humectés.

3. **RÉPARTIR LA PÂTE** entre les moules. Garnir de graines de citrouille ou de pacanes. Cuire au four de 25 à 30 minutes, jusqu'à ce qu'un cure-dent inséré au centre d'un muffin en ressorte propre. Attendre de 5 à 10 minutes avant de démouler. Sortir les muffins du moule et les laisser refroidir sur une grille.

Les épices relèvent ces muffins santé de leurs parfums exotiques. / Vous pouvez remplacer la purée de courge Turban d'Aladin par de la purée d'autres types de courge : Jack-o-lantern, Small Sugar, Galeuse d'Eysines, Pink Jumbo Banana, Butternut ou Sucrine du Berry.

PRÉPARATION : 20 MINUTES
CUISSON : 50 À 55 MINUTES
REFROIDISSEMENT : 3 HEURES
DONNE DE 8 À 10 PORTIONS

GÂTEAU CHIFFON À LA COURGE BUTTERNUT AUX PARFUMS D'ORANGE

- 130 G (1 TASSE) DE FARINE TOUT USAGE NON BLANCHIE
- 1 C. À CAFÉ (1 C. À THÉ) DE POUDRE À PÂTE (LEVURE CHIMIQUE)
- ¼ C. À CAFÉ (¼ C. À THÉ) DE SEL
- 4 ŒUFS, SÉPARÉS, À TEMPÉRATURE AMBIANTE
- ½ C. À CAFÉ (½ C. À THÉ) DE CRÈME DE TARTRE
- 130 G (⅔ TASSE) DE SUCRE
- 125 G (½ TASSE) DE PURÉE DE COURGE BUTTERNUT (DÉJÀ PRÉPARÉE, VOIR P. 48)
- 2 C. À SOUPE D'HUILE DE CANOLA
- LE ZESTE DE ½ ORANGE, RÂPÉ FINEMENT
- ½ C. À CAFÉ (½ C. À THÉ) D'EXTRAIT DE VANILLE

1. **PLACER LA GRILLE** dans le bas du four. Préchauffer le four à 165 °C (325 °F). Dans un bol, mélanger la farine, la poudre à pâte et le sel. Réserver.

2. **DANS UN GRAND BOL**, fouetter les blancs d'œufs et la crème de tartre à l'aide d'un batteur électrique, jusqu'à la formation de pics mous. Ajouter la moitié du sucre graduellement en fouettant, jusqu'à l'obtention de pics très fermes et droits. Réserver.

3. **DANS UN AUTRE GRAND BOL**, fouetter les jaunes d'œufs, la purée de courge, le reste du sucre, l'huile, le zeste d'orange et la vanille. Ajouter les ingrédients secs et mélanger à la cuillère en bois. Incorporer le quart de la meringue dans la pâte, en remuant. À l'aide d'une spatule, incorporer le reste de la meringue, en pliant délicatement. Verser la pâte dans un moule à cheminée non antiadhésif de 20 cm (8 po) de diamètre, non graissé et tapissé de papier parchemin s'il n'a pas de fond amovible.

4. **CUIRE AU FOUR** de 50 à 55 minutes ou jusqu'à ce que la surface du gâteau reprenne sa forme après une légère pression du doigt. Dès la sortie du four, renverser le moule sur le goulot d'une bouteille. Laisser refroidir complètement pendant environ 3 heures. Passer une fine lame de couteau entre le bord du moule et le gâteau, puis le démouler. Au besoin, retirer délicatement la rondelle de papier parchemin.

Léger et aérien, ce gâteau parfumé se mange avec ou sans glaçage. Vous pouvez également le garnir de fruits, de coulis, de caramel, de crème glacée, de crème fouettée et de bien d'autres bonnes choses. / Un truc : Avec un four à convection le gâteau lève plus haut qu'avec un four traditionnel et a une surface plus dorée et plus croustillante. Réduisez alors la température à 150 °C (300 °F) et cuisez-le de 35 à 40 minutes. / Le saviez-vous ? Fait avec peu d'huile (faible en gras saturés), ce gâteau est avantageux sur le plan nutritif, comparativement aux gâteaux au beurre. / Vous pouvez remplacer la purée de courge Butternut par de la purée d'autres types de courge : Sweet Dumpling, potimarron ou Futtsu.

PRÉPARATION : 30 MINUTES
CUISSON : 10 MINUTES PAR FOURNÉE
ATTENTE : AU MOINS 2 HEURES
DONNE ENVIRON 36 BISCUITS

BISCUITS À LA COURGE FUTTSU

- 430 G (1 ¾ TASSE) DE PURÉE DE COURGE FUTTSU (DÉJÀ PRÉPARÉE, VOIR P. 48)
- 50 G (¼ TASSE) DE CASSONADE LÉGÈREMENT TASSÉE
- ¼ C. À CAFÉ (¼ C. À THÉ) DE CARDAMOME MOULUE

La pâte

- 175 G (1⅓ TASSE) DE FARINE TOUT USAGE NON BLANCHIE
- ¼ C. À CAFÉ (¼ C. À THÉ) DE BICARBONATE DE SOUDE
- ¼ C. À CAFÉ (¼ C. À THÉ) DE SEL
- 120 G (½ TASSE) DE BEURRE, RAMOLLI
- 50 G (¼ TASSE) DE SUCRE
- 50 G (¼ TASSE) DE CASSONADE LÉGÈREMENT TASSÉE
- 1 PETIT ŒUF
- ¼ C. À CAFÉ (¼ C. À THÉ) D'EXTRAIT DE VANILLE

1. **DANS UN GRAND POÊLON** à fond épais, cuire la purée de courge à feu vif, pendant environ 10 minutes, en remuant constamment, jusqu'à ce qu'elle ait réduit de moitié. Ajouter la cassonade et la cardamome. Refroidir.
2. **DANS UN BOL**, tamiser la farine avec le bicarbonate de soude et le sel. Réserver.
3. **DANS UN AUTRE BOL**, à l'aide d'un batteur électrique, battre le beurre en crème. Incorporer graduellement le sucre, la cassonade. Ajouter l'œuf et la vanille. Battre, jusqu'à ce que le mélange soit léger. Ajouter délicatement le mélange de farine et bien mélanger à l'aide d'une cuillère en bois. Former 2 boules et les envelopper de pellicule plastique. Les mettre au réfrigérateur pendant environ 1 heure.
4. **À L'AIDE D'UN ROULEAU À PÂTISSERIE**, sur un plan de travail généreusement fariné, abaisser une boule de pâte en un rectangle d'environ 15 x 23 cm (6 x 9 po). Y étendre la moitié de la garniture à la courge. Rouler la pâte sur elle-même pour former un rouleau. L'envelopper de papier parchemin. Répéter l'opération pour l'autre boule de pâte. Déposer les rouleaux sur une plaque et congeler pendant au moins 1 heure.
5. **PLACER UNE GRILLE** au centre du four. Préchauffer le four à 200 °C (400 °F). Sortir le ou les rouleaux du congélateur selon les besoins. Les laisser reposer pendant 5 minutes. À l'aide d'un couteau mince, couper des rondelles d'environ 1 cm (½ po) d'épaisseur. Les déposer sur une plaque de cuisson couverte de papier parchemin. Cuire de 9 à 11 minutes, jusqu'à ce que les biscuits soient légèrement dorés. Les laisser refroidir sur une grille.

Cette savoureuse recette est une adaptation d'une recette de biscuits roulés aux dattes que ma mère aurait hérité de ma grand-mère paternelle. / Vous pouvez remplacer la cardamome par de la muscade, du cinq-épices chinois, du gingembre confit coupé finement ou d'autres épices. / Vous pouvez aussi remplacer la purée de courge Futtsu par de la purée d'autres types de courge : Sweet Dumpling, Ambercup ou Buttercup.

PRÉPARATION : 10 MINUTES
CUISSON : 1 HEURE
DONNE 4 PORTIONS

COURGES POIVRÉES EN CŒUR

- 2 PETITES COURGES POIVRÉES, NON PELÉES, COUPÉES EN 2 DANS LE SENS DE LA LONGUEUR, GRAINES ET FILAMENTS RETIRÉS
- 80 ML (1/3 TASSE) DE SIROP D'ÉRABLE OU DE CASSONADE
- 4 C. À CAFÉ (4 C. À THÉ) DE BEURRE
- 40 G (1/4 TASSE) DE RAISINS SECS (FACULTATIF)
- 60 ML (1/4 TASSE) DE RHUM (FACULTATIF)

1. **PLACER UNE GRILLE** dans le bas du four et une autre sous le gril. Préchauffer le four à 190 °C (375 °F). Déposer les demi-courges sur une plaque de cuisson couverte de papier parchemin ou de papier d'aluminium. Verser dans chacune 1 ½ c. à soupe de sirop d'érable, 1 c. à café (1 c. à thé) de beurre, 1 c. à soupe de raisins secs et 1 c. à soupe de rhum.
2. **CUIRE AU FOUR** jusqu'à tendreté de 45 minutes à 1 heure, selon la grosseur de la courge, en arrosant les bords de la courge de sirop toutes les 15 minutes. Vérifier la cuisson en insérant la lame d'un couteau dans les courges. Transférer la plaque sur la grille du haut et cuire les demi-courges sous le gril, la porte entrouverte, jusqu'à ce qu'elles soient dorées.
3. **LES LAISSER REPOSER** pendant 5 minutes, puis les servir telles quelles.

Irrésistible, cette recette se prépare en 3 temps, 3 mouvements ! Surtout que vous n'avez pas à peler les courges. / Si vous avez des restes, vous pouvez retirer la chair cuite et en faire une délicieuse purée. / Vous pouvez aussi remplacer les courges poivrées par d'autres types de courge : Jack-be-little ou Sweet Dumpling.

PRÉPARATION : 15 MINUTES
CUISSON : 1 HEURE 30 MINUTES
REFROIDISSEMENT : 4 HEURES
DONNE 5 PORTIONS

CRÈME BRÛLÉE PARFUMÉE AU THÉ CHAI DANS UNE CITROUILLE JACK-BE-LITTLE

- 5 MINI-CITROUILLES JACK-BE-LITTLE DE 9 À 10 CM (3 ½ À 4 PO) DE DIAMÈTRE
- 250 ML (1 TASSE) DE CRÈME 35 %
- 125 ML (½ TASSE) DE LAIT
- 2 C. À SOUPE DE THÉ CHAI EN FEUILLES
- 5 JAUNES D'ŒUFS
- 80 G (⅓ TASSE + 1 C. À SOUPE) DE SUCRE
- SUCRE POUR SAUPOUDRER

1. **PLACER LA GRILLE** au centre du four. Préchauffer le four à 175 °C (350 °F). À l'aide d'un couteau, couper le chapeau des mini-citrouilles. À l'aide d'une cuillère parisienne ou d'une cuillère à pamplemousse, retirer les graines et les filaments, en grattant jusqu'à ce que l'intérieur soit lisse. Couper les filaments sur les chapeaux. Cuire les mini-citrouilles et les chapeaux pendant 20 minutes sur une plaque de cuisson recouverte de papier parchemin. Réserver.
2. **RÉDUIRE LA TEMPÉRATURE DU FOUR** à 135 °C (275 °F). Dans une casserole, à feu moyen-vif, porter la crème et le lait à ébullition. Ajouter le thé et laisser infuser, à couvert et hors du feu, pendant 10 minutes.
3. **DANS UN BOL**, fouetter les jaunes d'œufs avec les 80 g (⅓ tasse + 1 c. à soupe) de sucre, jusqu'à ce que le mélange soit homogène. Y verser graduellement le mélange de crème au thé, en brassant sans arrêt. Passer au tamis, puis verser doucement dans les citrouilles. À l'aide d'une petite cuillère, écumer la surface.
4. **CUIRE LES CITROUILLES** à découvert et les chapeaux au four de 60 à 70 minutes ou jusqu'à ce que le flan soit légèrement ferme.
5. **LAISSER REFROIDIR LES CITROUILLES** sur une grille à côté des chapeaux, à température ambiante, puis les couvrir de pellicule plastique et les mettre au réfrigérateur de 4 à 24 heures.
6. **SAUPOUDRER** les crèmes d'une fine couche de sucre, puis les caraméliser à l'aide d'une torche à souder ou d'un petit brûleur à gaz conçu pour la cuisine. Servir aussitôt ou réfrigérer, sans couvrir, de 30 à 45 minutes au maximum.

Vous vous plairez à gratter ces petites citrouilles, tellement elles sont savoureuses. De plus, elles se marient merveilleusement bien avec la crème brûlée.

PRÉPARATION : 15 MINUTES
CUISSON : 1 HEURE 10 MINUTES
DONNE 2 POTS DE 250 ML (1 TASSE)

TARTINADE DE CITROUILLE JACK-O-LANTERN CARAMÉLISÉE À L'ÉRABLE

- 2 KG (4 ½ LB) DE CITROUILLE JACK-O-LANTERN, PELÉE, GRAINES ET FILAMENTS RETIRÉS
- 250 ML (1 TASSE) DE SIROP D'ÉRABLE
- 80 G (⅓ TASSE) DE BEURRE
- VINAIGRE DE CIDRE

1. **PRÉCHAUFFER LE FOUR** à 200 °C (400 °F). Couper la chair de la citrouille en tranches de 0,3 cm (⅛ po) d'épaisseur. Les déposer dans un grand plat allant au four. Réserver.
2. **DANS UNE CASSEROLE** à bords élevés, faire bouillir le sirop à feu vif, jusqu'à ce qu'il caramélise (il devient légèrement plus épais, les bulles sont de plus en plus grosses et il dégage une odeur de caramel). Le retirer du feu, puis ajouter le beurre. Le verser sur les tranches de citrouille et bien mélanger.
3. **CUIRE AU FOUR** pendant 1 heure en brassant toutes les 10 à 15 minutes. À la sortie du four, les tranches de citrouille seront tendres, transparentes et caramélisées.
4. **AU MÉLANGEUR, RÉDUIRE LES TRANCHES** de citrouille en purée, jusqu'à l'obtention d'une purée lisse. Ajouter ensuite quelques gouttes de vinaigre de cidre.

Cette tartinade est délicieuse avec du pain brioché grillé, du gâteau blanc ou simplement mangée à la cuillère. Elle peut aussi servir de garniture sur du yogourt nature, une panacotta à la vanille ou un cupcake. / Conservation : La tartinade se conserve 3 semaines au réfrigérateur et plusieurs mois au congélateur. / Vous pouvez remplacer la citrouille Jack-o-lantern par de la citrouille Small Sugar.

PRÉPARATION : 30 MINUTES
CUISSON : 5 MINUTES
RÉFRIGÉRATION : 3 HEURES
DONNE ENVIRON 36 GUIMAUVES

GUIMAUVES À LA CITROUILLE SMALL SUGAR, AU GINGEMBRE ET À LA NOIX DE COCO

- HUILE DE CANOLA
- 125 G (½ TASSE) DE PURÉE DE CITROUILLE SMALL SUGAR (DÉJÀ PRÉPARÉE, VOIR P. 48)
- 1 C. À CAFÉ (1 C. À THÉ) DE GINGEMBRE FRAIS, RÂPÉ FINEMENT
- 2 C. À SOUPE DE GÉLATINE NEUTRE EN POUDRE
- 210 G (1 TASSE) DE SUCRE
- 125 ML (½ TASSE) DE SIROP DE MAÏS CLAIR
- ½ C. À CAFÉ (½ C. À THÉ) D'EXTRAIT DE VANILLE
- 50 G (½ TASSE) DE NOIX DE COCO RÂPÉE, NON SUCRÉE

1. **MOUILLER UN MOULE À PAIN** d'environ 22 x 12 cm (9 x 5 po), puis l'égoutter. Le couvrir de pellicule plastique. Huiler légèrement toute la surface avec les doigts et huiler aussi une spatule. Réserver.
2. **TAMISER LA PURÉE** de citrouille et le gingembre dans une petite casserole. Ajouter 2 c. à soupe d'eau froide. Saupoudrer de gélatine et bien mélanger. Laisser gonfler pendant 7 minutes.
3. **AJOUTER LE SUCRE** et le sirop de maïs. Chauffer à feu doux, en remuant jusqu'à ce que le sucre et la gélatine soient bien dissous. Verser dans le grand bol du batteur électrique, ajouter la vanille et fouetter à vitesse maximale de 10 à 15 minutes, jusqu'à l'obtention d'une meringue molle. À l'aide de la spatule huilée, étendre le mélange dans le moule. Mettre au réfrigérateur pendant au moins 3 heures.
4. **À L'AIDE D'UN COUTEAU** ou d'emporte-pièces, couper la guimauve en cubes ou faire d'autres formes, puis les rouler dans la noix de coco.

Suggestion de présentation : Enfilez les guimauves sur des brochettes de bambou et piquez-les dans une belle courge, comme la Turban d'Aladin. Effet garanti ! / Conservation : Les guimauves se conservent plusieurs jours dans un contenant hermétique, à la température de la pièce. / Vous pouvez remplacer la purée de citrouille Small Sugar par de la purée d'autres types de courge : potimarron, Futtsu ou Sucrine du Berry (dans ce dernier cas, n'ajoutez pas d'eau).

PRÉPARATION : 35 MINUTES
CUISSON : 1 HEURE 35 MINUTES
DONNE DE 8 À 10 PORTIONS

TARTE APHRODISIAQUE À LA CITROUILLE SMALL SUGAR

- 1 CROÛTE DE TARTE NON CUITE
- 1 BLANC D'ŒUF FOUETTÉ
- 3 ŒUFS PLUS 1 JAUNE
- 160 ML (⅔ TASSE) DE CRÈME 35 %
- 160 ML (⅔ TASSE) DE LAIT
- 1 C. À CAFÉ (1 C. À THÉ) D'EXTRAIT DE VANILLE
- 750 G (3 TASSES) DE PURÉE DE CITROUILLE SMALL SUGAR (DÉJÀ PRÉPARÉE, VOIR P. 48)
- ¼ C. À CAFÉ (¼ C. À THÉ) DE CANNELLE MOULUE
- ¼ C. À CAFÉ (¼ C. À THÉ) DE MUSCADE MOULUE
- ¼ C. À CAFÉ (¼ C. À THÉ) DE SEL
- 125 G (⅔ TASSE) DE CASSONADE LÉGÈREMENT TASSÉE
- 60 ML (¼ TASSE) DE SIROP D'ÉRABLE
- 2 C. À CAFÉ (2 C. À THÉ) DE GINGEMBRE FRAIS, RÂPÉ FINEMENT

1. **PLACER LA GRILLE** dans le bas du four. Préchauffer le four à 200 °C (400 °F). Abaisser la pâte dans un moule à tarte de 23 cm (9 po). Piquer toute la surface de l'abaisse à l'aide d'une fourchette. La couvrir de papier parchemin et la remplir de haricots secs ou d'autres petits poids. Cuire au four sur une plaque de cuisson pendant 15 minutes. Retirer les haricots secs et le papier. Badigeonner le fond de l'abaisse du blanc d'œuf, puis remettre au four de 5 à 10 minutes ou jusqu'à ce que la pâte soit dorée. Réserver.

2. **DANS UN BOL,** fouetter les œufs et le jaune. Ajouter la crème, le lait et la vanille. Réserver.

3. **DANS UN GRAND POÊLON** à fond épais, mélanger la purée de citrouille, la cannelle, la muscade et le sel. Cuire à feu vif pendant environ 15 minutes, en remuant fréquemment, jusqu'à ce que la purée ait réduit de moitié. Ajouter la cassonade, le sirop d'érable et le gingembre. Retirer du feu. Ajouter le mélange d'œufs battus et fouetter. Passer dans un tamis. Fouetter encore et verser dans l'abaisse. Cuire au four sur une plaque de cuisson pendant 10 minutes, puis baisser la température à 150 °C (300 °F). Poursuivre la cuisson de 40 à 45 minutes ou jusqu'à ce que le flan soit pris. Déposer la tarte sur une grille et la laisser refroidir à température ambiante. La mettre ensuite au réfrigérateur.

Oubliez les tartes à la citrouille détrempées, granuleuses et au fort goût d'épices. Cette recette vous donnera une tarte onctueuse avec juste ce qu'il faut d'épices pour rehausser le goût naturel de la citrouille. / Le saviez-vous ? En 2010, des cultivateurs de citrouilles géantes en Ohio ont établi un record avec une tarte à la citrouille pesant 1677 kg (3699 lb) et ayant un diamètre de 6 m (20 pi) ! / Un brin de séduction : Selon une étude conduite par un neurologue américain, l'odeur de la tarte à la citrouille (combinée à celle de la lavande) stimulerait la réponse sexuelle. Toujours selon l'étude, cet effet, mesuré par l'afflux sanguin génital, était plus marqué chez l'homme. / Vous pouvez remplacer la purée de citrouille Small Sugar par de la purée de citrouille Jack-o-lantern.

PRÉPARATION : 10 MINUTES
DONNE DE 4 À 6 PORTIONS

MOUSSE TIGUIDOU À LA COURGE SWEET DUMPLING

- 200 G (3/4 TASSE) DE PURÉE DE COURGE SWEET DUMPLING, REFROIDIE (DÉJÀ PRÉPARÉE, VOIR P. 48)
- 2 BLANCS D'ŒUFS
- 50 G (1/4 TASSE) DE SUCRE
- BÂTONNETS D'AMANDES GRILLÉS (FACULTATIF)

1. **VERSER LA PURÉE** (tamisée, si désiré) dans un grand bol. Réserver.
2. **DANS UN AUTRE BOL**, à l'aide d'un batteur électrique, monter les blancs d'œufs en neige, en ajoutant le sucre graduellement, jusqu'à l'obtention de pics mous.
3. **À LA PURÉE, AJOUTER** environ le quart des blancs d'œufs en neige. À l'aide d'un fouet, bien les incorporer à la purée. Verser ce mélange sur le reste des blancs d'œufs en neige, en pliant délicatement à l'aide d'une spatule, jusqu'à ce que le tout soit à peu près homogène. Servir aussitôt et garnir d'amandes grillées, si désiré.

Cette mousse est une véritable caresse pour le palais ! La recette très simple se prépare en un rien de temps et elle vous donne une mousse hyper légère. Vous devrez toutefois attendre à la dernière minute pour la préparer. / Un truc : Quand les blancs d'œufs en neige forment des pics mous, la mousse ne tombe pas si l'on retourne le bol à l'envers. / Le saviez-vous ? Une courge Sweet Dumpling donne en moyenne 135 g (½ tasse) de purée, une fois cuite. / Vous pouvez aussi remplacer la purée de courge Sweet Dumpling par de la purée d'autres types de courge : Jack-be-little, potimarron ou Futtsu. Ou encore par de la purée de courge poivrée mélangée moitié-moitié avec de la purée de pommes ou de la purée de poires et sucrée au sirop d'érable. Délicieux !

PRÉPARATION : 20 MINUTES
CUISSON : 35 MINUTES
DONNE UNE PLAQUETTE DE CARAMEL DE 20 X 25 CM (8 X 10 PO)

ÉCLATS DE CARAMEL AUX GRAINES DE CITROUILLE ET À LA FLEUR DE SEL

- 110 G (3/4 TASSE) DE GRAINES DE CITROUILLE ÉCALÉES
- 60 ML (1/4 TASSE) D'EAU
- 100 G (1/2 TASSE) DE SUCRE
- 60 ML (1/4 TASSE) DE SIROP DE MAÏS DORÉ
- 1/2 C. À CAFÉ (1/2 C. À THÉ) DE BICARBONATE DE SOUDE
- 1 C. À CAFÉ (1 C. À THÉ) D'EXTRAIT DE VANILLE
- 1/2 C. À SOUPE DE BEURRE NON SALÉ, À TEMPÉRATURE AMBIANTE
- 1/4 C. À CAFÉ (1/4 C. À THÉ) DE FLEUR DE SEL

1. **PRÉCHAUFFER LE FOUR** à 175 °C (350 °F). Couvrir une plaque de cuisson de papier parchemin et préparer une deuxième feuille de papier parchemin. Mettre les graines de citrouille directement sur une autre plaque de cuisson. Les cuire au four de 5 à 7 minutes, jusqu'à ce qu'elles soient dorées. Réserver.
2. **DANS UNE CASSEROLE**, à feu vif, porter à ébullition l'eau, le sucre et le sirop de maïs, sans brasser. Chauffer jusqu'à ce que le caramel soit doré et que la température ait atteint 140 °C (285 °F), en évitant de brasser. Au besoin, basculer la casserole.
3. **AJOUTER LES GRAINES DE CITROUILLE** rapidement et bien brasser, jusqu'à ce que la température atteigne 150 °C (300 °F). Retirer du feu et ajouter le bicarbonate de soude, la vanille et le beurre. Mélanger et verser aussitôt en une couche très fine sur la plaque couverte de papier parchemin. Parsemer de fleur de sel. Couvrir de l'autre feuille de papier parchemin et aplatir le caramel avec une plaque de cuisson ou un rouleau à pâtisserie.
4. **LAISSER REFROIDIR** à température ambiante. Briser le caramel en morceaux.

Impossible de rester de marbre devant ce caramel. Grâce au bicarbonate de soude, qui lui ajoute des petites bulles de gaz, il est très agréable à croquer. / Dans mon enfance, ma mère achetait toujours du Peanut Brittle dans le temps des Fêtes. Malheureusement, cette confiserie est presque introuvable maintenant. Mais heureusement, cette recette revisitée avec des graines de citrouille et de la fleur de sel me permet de recréer la magie. / Conservation : Le caramel se conserve jusqu'à 2 semaines dans un contenant hermétique, à température ambiante.

PRÉPARATION : 10 MINUTES
CUISSON : 40 À 50 MINUTES
DONNE 6 PORTIONS

SOURIRE DE COURGE AMBERCUP À LA ZICATELA

- HUILE DE CANOLA
- ½ COURGE AMBERCUP, NON PELÉE, GRAINES ET FILAMENT RETIRÉS
- 1 BOÎTE DE 300 ML (1 ¼ TASSE) DE LAIT CONCENTRÉ SUCRÉ
- LAIT OU CRÈME, AU GOÛT

1. **PRÉCHAUFFER LE FOUR** à 190 °C (375 °F). Huiler le bord coupé de la courge. La déposer sur une plaque de cuisson. Cuire la courge au four de 40 à 50 minutes, jusqu'à ce qu'elle soit très tendre.
2. **DANS UNE PETITE CASSEROLE**, à feu moyen, chauffer le lait concentré. Le diluer avec un peu de lait ou de crème pour obtenir une sauce onctueuse.
3. **POUR SERVIR**, couper un quartier de courge, puis y verser la sauce au lait concentré.

Sur la plage Zicatela, au Mexique, la même plage où j'ai été sauvée des vagues par un ange nommé Ismaël (je l'embrasse encore !), j'ai croisé un vendeur itinérant qui roulait son four à bois et qui offrait des *calabassas*. En les servant, il les « noyait » volontiers de lait concentré et de crème. Un petit régal tout simple et inoubliable. / Vous pouvez aussi remplacer la courge Ambercup par d'autres types de courge : Sweet Dumpling, Buttercup, potimarron ou Futtsu.

PRÉPARATION : 30 MINUTES
CUISSON : 15 MINUTES
ATTENTE : 4 HEURES
DONNE 1 LITRE (4 TASSES)

CRÈME GLACÉE AU POTIMARRON ET AU MASCARPONE

- 180 G (3/4 TASSE) DE PURÉE DE POTIMARRON (DÉJÀ PRÉPARÉE, VOIR P. 48)
- 3 C. À SOUPE DE SIROP D'ÉRABLE
- 5 JAUNES D'ŒUFS
- 100 G (1/2 TASSE) DE SUCRE
- 375 ML (1 1/2 TASSE) DE LAIT
- 1 CONTENANT DE 250 G (ENV. 1/2 LB) DE MASCARPONE
- 1/2 C. À CAFÉ (1/2 C. À THÉ) D'EXTRAIT DE VANILLE

1. **DANS UNE CASSEROLE**, à feu vif, chauffer la purée de potimarron de 5 à 10 minutes, en remuant fréquemment, jusqu'à ce qu'elle soit épaisse. Ajouter le sirop d'érable. Passer au tamis. Refroidir. Couvrir et réfrigérer pendant au moins 2 heures.
2. **DANS UN GRAND BOL**, fouetter les jaunes d'œufs et le sucre, jusqu'à ce que le mélange soit homogène. Réserver.
3. **DANS UNE CASSEROLE**, à feu vif, chauffer le lait et la moitié du mascarpone. Fouetter jusqu'à l'obtention d'un mélange homogène, sans grumeaux. Chauffer de 3 à 4 minutes, jusqu'à ébullition, en surveillant bien pour ne pas que ça déborde. Retirer du feu. En fouettant, ajouter ce mélange graduellement au mélange de jaunes d'œufs.
4. **VERSER DANS LA CASSEROLE.** Cuire à feu moyen-doux, de 5 à 7 minutes, en remuant constamment avec une spatule et en prenant soin de bien racler le fond de la casserole, jusqu'à ce que la crème épaississe et nappe le dos d'une cuillère. Ne pas laisser bouillir.
5. **TAMISER IMMÉDIATEMENT** dans un bol. Ajouter le reste du mascarpone et fouetter jusqu'à l'obtention d'un mélange homogène, sans grumeaux. Ajouter la vanille. Refroidir. Couvrir et mettre au réfrigérateur pendant au moins 2 heures, jusqu'à ce que le mélange soit complètement froid. Ajouter la purée et mélanger.
6. **TURBINER LA CRÈME AU MASCARPONE** à la sorbetière. La verser dans un moule à pain en métal ou en pyrex et couvrir. Mettre au congélateur pendant environ 2 heures, jusqu'à ce qu'elle soit ferme. Si la congélation se prolonge et que la crème glacée est très dure, la laisser ramollir 30 minutes au réfrigérateur avant de servir.

Pourquoi ne pas faire des mini-sandwichs à la crème glacée avec des petits biscuits secs au gingembre ? / Autre suggestion de présentation : Faites des boules de crème glacée, congelez-les 30 minutes, puis roulez-les dans des pacanes grillées, hachées, en les pressant légèrement. / Vous pouvez aussi remplacer la purée de potimarron par de la purée de Small Sugar. Les purées de Jack-be-little, Sweet Dumpling et Futtsu n'ont pas besoin d'être épaissies (voir étape 1).

PRÉPARATION : 15 MINUTES
CUISSON : 30 MINUTES
DONNE DE 6 À 8 PORTIONS

FLANS CROÛTÉS À LA COURGE BUTTERNUT ET À LA NOIX DE COCO

- 180 G (3/4 TASSE) DE PURÉE DE COURGE BUTTERNUT (DÉJÀ PRÉPARÉE, VOIR P. 48)
- 4 ŒUFS
- 375 ML (1 1/2 TASSE) DE LAIT
- 2 C. À CAFÉ (2 C. À THÉ) DE VANILLE
- 2 C. À SOUPE DE BEURRE FONDU
- 95 G (1 TASSE) DE NOIX DE COCO RÂPÉE NON SUCRÉE
- 65 G (1/2 TASSE) DE FARINE TOUT USAGE NON BLANCHIE
- 100 G (1/2 TASSE) DE SUCRE

1. **PLACER LA GRILLE** au centre du four. Préchauffer le four à 175 °C (350 °F). Beurrer 6 à 8 ramequins peu profonds, puis les déposer sur une plaque de cuisson. Mélanger tous les ingrédients au robot culinaire, jusqu'à consistance homogène.
2. **VERSER LE MÉLANGE** dans les ramequins. Cuire au four pendant 20 minutes. Augmenter la température à 190 °C (375 °F) et poursuivre la cuisson de 5 à 10 minutes ou jusqu'à ce que le flan soit pris.
3. **LAISSER REFROIDIR LES FLANS** sur une grille et les servir tièdes ou froids.

Vous pouvez remplacer la purée de courge Butternut par de la purée d'autres types de courge : Jack-be-little, Small Sugar, Sweet Dumpling, potimarron ou Futtsu.

LA COURGERIE

2321, Grand rang Saint-Pierre
Sainte-Élisabeth (Lanaudière), Québec
450 752-2950 ou 1 800 711-2021
www.lacourgerie.com

CENTRE D'INTERPRÉTATION DE LA COURGE

839, chemin Principal
Saint-Joseph-du-Lac (Basses-Laurentides), Québec
450 623-4894

JARDIN BOTANIQUE DE MONTRÉAL (EXPOSITION LE GRAND BAL DES CITROUILLES PRÉSENTÉE EN OCTOBRE)

4101, rue Sherbrooke Est
Montréal, Québec
514 872-1400
www.ville.montreal.qc.ca/jardin

MUSÉE DU CHÂTEAU RAMEZAY (EXPOSITION ESPÈCES DE COURGES ! PRÉSENTÉE TOUS LES AUTOMNES)

280, rue Notre-Dame Est
Montréal, Québec
514 861-3708
www.chateauramezay.qc.ca

POTIROTHON DE GENTILLY

www.mrcbecancour.qc.ca/potirothon

CORNELLIER TRAITEUR ET BOUTIQUE

5354, boul. Saint-Laurent
Montréal, Québec
514 272-8428
www.cornelliertraiteur.com

BISTRO COCAGNE

3842, rue Saint-Denis
Montréal, Québec
514 286-0700
www.bistro-cocagne.com

HÔTEL SPA H2O ET RESTAURANT L'EAU À LA BOUCHE

3003, boul. Sainte-Adèle
Sainte-Adèle (Laurentides), Québec
450 229-2991 ou 1 888 828-2991
www.leaualabouche.com

BELGIQUE

ESPÈCE DE CUCURBITACÉ !

www.tomate-cerise.be/dossiers/cucurbitace.html

FÊTE DES COURGES

http://www.courge.be/index.php?option=com_content&view=article&id=2&Itemid=2

FÊTE DU POTIRON

www.jardins-du-nord.fr/fete-du-potiron-t2300.html

FOIRE AUX POTIRONS

http://volcanspassion.blogs-de-voyage.fr/archive/2008/10/14/c-est-la-fete-a-la-citrouille.html

JARDINS DE VERTUMME

www.lesjardinsdevertumne.be/courges.htm

FRANCE

COUGOURDON

www.cougourdon.com
www.alpesdazur-patrimoine.com/Musee-du-Cougourdon.html

CUCURBITADES

www.ot-marchiennes.fr/groupes/groupes-cucurbitades.html

FÊTES DE LA COURGE ET DE LA CITROUILLE

http://fetedelacourge.blogspot.com

www.fetedelacourge-rians.fr/spip.php?article95

www.ideesgo.com/articles/art-032477-fete-courge.html

www.chateau-boutheon.com/-Fete-de-la-Courge-.html

www.andrezieux-boutheon.com/La-Fete-de-la-Courge.html

http://fetedelacourge.wordpress.com/

http://90plan.ovh.net/~jardinsdc/spip.php?article28

http://avecdesloulous.centerblog.net/6569109-La-fete-de-la-courge-de-Montreuil-en-touraine

http://www.ptitchef.com/recettes/la-fete-de-la-courge-a-chateauneuf-de-grasse-fid-153178

www.nordeclair.fr/Sorties/Bons_plans/2010/10/01/fete-de-la-courge-et-de-la-sorcellerie-a.shtml

www.tourisme67.com/cgi-local/lei_fichedescriptive.pl?ID=258000880&TYPE=1900202

www.ain-tourisme.com/fete-de-la-courge-01BOEVE100382.sitra

www.ville-lardy.fr/Fete-de-la-courge.html

www.bourgetdulactourisme.com/fr/fetes-bourget-lac--sitraeve338852--fete-de-la-courge-et-de-loignon.html

www.abbaye-de-villelongue.com/fete-courge-abbaye-villelongue.php

www.tourismeenfamille.com/Fete-de-la-courge-ag-99.html

www.chateaudurivau.com/fr/evenements-fete-de-la-citrouille.php

FOIRE AUX POTIRONS

www.foireauxpotirons.new.fr

INTELLIGENCE VERTE

www.intelligenceverte.org/giraumon-g.asp

VERTE VALLÉE

www.verte-vallee.fr

SUISSE

BANGO MARCHÉ

www.bangomarkt.ch

FÊTE DE LA COURGE

www.loisirs.ch/activite-3187-fete-de-la-courge-a-gryon.html

Merci à Dominique Lafond qui a secoué un de mes vieux fantasmes endormis, celui d'écrire un livre. Un grand merci pour ses merveilleuses photos. Merci à Annie Lachapelle pour sa recherche constante de l'équilibre. Merci à Denise Cornellier, pour la passion qu'elle a déclenchée en me confiant l'animation d'un atelier sur les courges dans sa prestigieuse cuisine. Merci pour sa spectaculaire recette, merci aussi de m'avoir accompagnée au Mexique dans des aventures inoubliables. Merci à Erwan Leseul, éditeur aux Éditions de l'Homme, pour sa grande confiance. Merci aussi à toute la sympathique équipe qui l'entoure.

Merci à Michel Brancucci, Ph. D. (biologie), auteur et expert dans le domaine des courges, d'avoir validé l'identité de mes spécimens et partagé d'autres précieuses données. Merci à Isabelle Couture, agronome et conseillère en production maraîchère au MAPAQ et Josée Bédard, directrice principale aux Affaires corporatives de Provigo, pour les diverses informations. Merci à Christina Blais, professeur en Sciences des aliments à l'Université de Montréal et à Guy Crosby, Ph. D. (chimie organique), professeur de nutrition associé adjoint à la Harvard School of Public Health, pour leurs conseils innovateurs en chimie alimentaire et en nutrition. Merci au Dr Alan R. Hirsch du Smell and Taste Treatment and Research Foundation à Chicago pour l'envoi de ses publications sur le potentiel aphrodisiaque des citrouilles (dont celle parue dans The Journal of Neurological and Orthopaedic Medicine and Surgery).

Merci à Robert Beauregard du Potager Mont-Rouge et à Pascale Coutu de La Courgerie pour avoir partagé sans réserve le fruit de leurs expériences dans la culture des courges. Merci à ceux qui m'ont gentiment refilé leurs citrouilles après l'Halloween, comme mes voisins inconnus du 5190 et le Centre du Plateau, à Montréal. Merci à Yuko Tuda du Café Falco et à tous ceux qui m'ont confié leurs expériences, positives et négatives, à propos des courges. Merci à Mario Jobin du Jardin mobile, à Odile Dumais et à son élève Dafnée pour l'aide inouïe dans ma quête de courges rares du Québec en plein hiver !

Merci à Anne Desjardins, à Emmanuel Desjardins, à Josée di Stasio, à Alexandre Loiseau, à Laure Waridel et à la Congrégation de Notre-Dame pour les recettes originales gracieusement offertes. Merci aux équipes des boutiques Les Touilleurs et 3 femmes & 1 coussin, ainsi qu'à Hugo Didier de m'avoir si gentiment prêté leurs jolis accessoires.

Merci à Nicole Labbé, à Hélène Lasnier et à Catherine Léger, artistes des mots, pour leur grain de sel. Merci à Hélène-Andrée Bizier, historienne consciencieuse et généreuse, de m'avoir livré la citation de Marie de l'Incarnation.

Merci à la joyeuse bande des Régates du Potirothon de Gentilly 2010 pour le privilège d'avoir pu naviguer dans une courge Dill Atlantic Giant de 230 kg (505 lb) sur la rivière Bécancour.

Merci à mon père, à mon frérot, à ma belle-maman et à mes amis Évelyne, Gisèle, Hélène, Jocelyne, Julie, Maxim, Monique, Nicole, Pierre-Julien, Rina et Sylvie, pour leur compréhension et leurs encouragements.

Un merci particulier à Lina Normandin pour son art de l'écoute.

À François, mon indispensable compagnon, autant de mercis que le nombre de courges que nous avons mangées ensemble. C'est beaucoup. Merci pour ton soutien indéfectible et tes divers rôles de goûteur non complaisant, de coursier infatigable et de plongeur efficace.

Et pour clore, un infini merci à ma mère dont j'ai senti l'esprit bienveillant tout au long de cette aventure extraordinaire. Merci de m'avoir laissé la gourmandise en héritage.

AMBERCUP, 29

Biscuits à la courge Futtsu, 180
Caponata à la courge Delicata, 100
Chips de courge Buttercup, 62
Courge poivrée rôtie au four, 92
Frites de courge Hubbard bleue cuites au four, 104
Gnocchis à la courge Marina di Chioggia, 106
Pâté chinois re-revisité à la courge Hubbard bleue, 130
Potage à la courge Buttercup, garniture de canneberges à l'érable, 72
Potage à la courge Marina di Chioggia et aux pois chiches, 74
Potage de courge Butternut au sarrasin, 82
Purée de courge poivrée et de pommes de terre à l'ail confit, 94
Rösti à la courge Buttercup inspiré par Laure Waridel, 102
Rôti de palette de bœuf braisé à la courge Butternut et aux pruneaux, 144
Soupe au bœuf, à la courge Pink Jumbo Banana et à l'avoine, 76
Sourire de courge Ambercup à la Zicatela, 196
Tajine de poulet à la courge Hubbard bleue, aux olives et au citron confit, 132
Trempette de courge Butternut au sésame, 64

BUTTERCUP, 28

Biscuits à la courge Futtsu, 180
Caponata à la courge Delicata, 100
Chips de courge Buttercup, 62
Courge poivrée rôtie au four, 92
Frites de courge Hubbard bleue cuites au four, 104
Gnocchis à la courge Marina di Chioggia, 106
Graines de citrouille épicées, 60
Pâté chinois re-revisité à la courge Hubbard bleue, 130
Potage à la courge Buttercup, garniture de canneberges à l'érable, 72
Potage à la courge Marina di Chioggia et aux pois chiches, 74
Potage de courge Butternut au sarrasin, 82
Purée de courge poivrée et de pommes de terre à l'ail confit, 94
Rösti à la courge Buttercup inspiré par Laure Waridel, 102
Rôti de palette de bœuf braisé à la courge Butternut et aux pruneaux, 144
Soupe au bœuf, à la courge Pink Jumbo Banana et à l'avoine, 76
Sourire de courge Ambercup à la Zicatela, 196
Tajine de poulet à la courge Hubbard bleue, aux olives et au citron confit, 132
Trempette de courge Butternut au sésame, 64

BUTTERNUT, 35

Caponata à la courge Delicata, 100
Cari de porc aux pommes et à la courge Butternut, 136
Chutney de courge Lady Godiva et de pomme d'Alexandre Loiseau, 158
Courge poivrée rôtie au four, 92
Crêpes à l'avoine et à la citrouille Small Sugar, 168
Cupcakes à la courge Sweet Dumpling, 170
Flans croûtés à la courge Butternut et à la noix de coco, 200
Gâteau chiffon à la courge Butternut aux parfums d'orange, 178
Gratin dauphinois à la courge Butternut et au céleri-rave, 110
Lactofermentation de courge Butternut et de carottes, 162
Lactofermentation de courge Butternut et de chou, 162
Lasagne sans pâtes à la courge Butternut, 112
Macaroni à la courge Butternut, 140
Muffins à la courge turban d'Aladin, à l'avoine et aux épices, 176
Œufs sur salade tiède de courge Butternut, d'épinards et de bacon, 138
Omelettes soufflées à la courge Sucrine du Berry et au parmesan, 146
Papillotes des trois sœurs à la courge Butternut sur le gril, 116
Pâtés impériaux au porc et à la courge Butternut, 114
Pizza à la courge Butternut garnie, 142
Potage à la courge Buttercup, garniture de canneberges à l'érable, 72
Potage à la courge Butternut de Josée di Stasio, 78
Potage à la courge Butternut et aux amandes, de type andalou, 80
Potage à la courge Marina di Chioggia et aux pois chiches, 74
Potage de courge Butternut au sarrasin, 82
Purée de courge poivrée et de pommes de terre à l'ail confit, 94
Riz à la courge Butternut et au lait de coco, 118
Rôti de palette de bœuf braisé à la courge Butternut et aux pruneaux, 144
Salade de courge Butternut, pomme et endives d'Anne Desjardins, 120
Soupe au bœuf, à la courge Pink Jumbo Banana et à l'avoine, 76
Tajine de poulet à la courge Hubbard bleue, aux olives et au citron confit, 132
Trempette de courge Butternut au sésame, 64

COURGE POIVRÉE, 21

Courge poivrée rôtie au four, 92
Courges Delicata farcies à la viande et gratinées, 128
Courges poivrées en cœur, 182
Graines de citrouille épicées, 60
Mousse tiguidou à la courge Sweet Dumpling, 192
Pâté chinois re-revisité à la courge Hubbard bleue, 130
Potage à la courge Buttercup, garniture de canneberges à l'érable, 72
Purée de courge poivrée et de pommes de terre à l'ail confit, 94
Trempette de courge Butternut au sésame, 64

COURGE SPAGHETTI, 20

Courge spaghetti aux tomates cerises crues, 96
Courge spaghetti, sauce au poulet et aux arachides, 126
Pâtés impériaux au porc et à la courge Butternut, 114
Rouleaux d'automne au canard confit et à la courge spaghetti, 98

COURGETTE, 17

Boulettes de porc et de courgettes au barbecue, 56
Courges d'été en crudités et trempette à l'avocat, 54
Farfalles aux courgettes et au saumon fumé, 122
Marinades de courgettes au cari, à l'érable et au gingembre, 148
Marmelade d'oranges et de courgettes jaunes, 150
Mini-muffins aux courgettes, à la feta et au poivron rouge, 58
Muffins aux courgettes et aux noix, 164
Petites tours de courgettes et de tomates gratinées, 84
Relish multicolore aux courgettes, 152
Rondes de Nice farcies au noix et au citron, 90
Salade tiède de courgettes grillées au barbecue, 88
Soupe aux courgettes et au citron, à la grecque, 68
Soupe froide aux courgettes, à la menthe et au kéfir, 66
Tataki de bœuf sur salade de rubans de courgette, 124

COUTORS, 14

Boulettes de porc et de courgettes au barbecue, 56
Courges d'été en crudités et trempette à l'avocat, 54
Farfalles aux courgettes et au saumon fumé, 122
Marinades de courgettes au cari, à l'érable et au gingembre, 148
Mini-muffins aux courgettes, à la feta et au poivron rouge, 58
Relish multicolore aux courgettes, 152
Rondes de Nice farcies au noix et au citron, 90
Salade tiède de courgettes grillées au barbecue, 88
Soupe aux courgettes et au citron, à la grecque, 68
Tataki de boeuf sur salade de rubans de courgette, 124

DELICATA, 19

Caponata à la courge Delicata, 100
Cari de porc aux pommes et à la courge Butternut, 136
Courge poivrée rôtie au four, 92
Courges Delicata farcies à la viande et gratinées, 128
Gratin dauphinois à la courge Butternut et au céleri-rave, 110
Pâtés impériaux au porc et à la courge Butternut, 114
Potage à la courge Buttercup, garniture de canneberges à l'érable, 72
Potage à la courge Marina di Chioggia et aux pois chiches, 74
Potage de courge Butternut au sarrasin, 82
Purée de courge poivrée et de pommes de terre à l'ail confit, 94
Rôti de palette de bœuf braisé à la courge Butternut et aux pruneaux, 144
Soupe au bœuf, à la courge Pink Jumbo Banana et à l'avoine, 76
Tajine de poulet à la courge Hubbard bleue, aux olives et au citron confit, 132
Trempette de courge Butternut au sésame, 64

FLEURS DE COURGETTES

Fleurs de courgette farcies, 86

FUTTSU, 36

Biscuits à la courge Futtsu, 180
Chutney de courge Lady Godiva et de pomme d'Alexandre Loiseau, 158
Courge poivrée rôtie au four, 92
Crème glacée au potimarron et au mascarpone, 198
Crêpes à l'avoine et à la citrouille Small Sugar, 168
Cupcakes à la courge Sweet Dumpling, 170
Flans croûtés à la courge Butternut et à la noix de coco, 200
Gâteau chiffon à la courge Butternut aux parfums d'orange, 178
Guimauves à la citrouille Small Sugar, au gingembre et à la noix de coco, 188
Mousse tiguidou à la courge Sweet Dumpling, 192
Pouding chômeur au potimarron, 174
Sourire de courge Ambercup à la Zicatela, 196

GALEUSE D'EYSINES, 27

Miche de pain à la galeuse d'Eysines en cocotte, 172
Muffins à la courge turban d'Aladin, à l'avoine et aux épices, 176
Purée de courge poivrée et de pommes de terre à l'ail confit, 94

GRAINES DE CITROUILLE

Éclats de caramel aux graines de citrouille et à la fleur de sel, 194
Graines de citrouille épicées, 60
Pesto de graines de citrouille à la sauge, 108
Sauce mexicaine pipián verde aux graines de citrouille, 134

HUBBARD BLEUE, 26

Caponata à la courge Delicata, 100
Cari de porc aux pommes et à la courge Butternut, 136
Courge poivrée rôtie au four, 92
Frites de courge Hubbard bleue cuites au four, 104
Pâté chinois re-revisité à la courge Hubbard bleue, 130
Pâtés impériaux au porc et à la courge Butternut, 114
Potage à la courge Buttercup, garniture de canneberges à l'érable, 72
Potage à la courge Marina di Chioggia et aux pois chiches, 74
Potage de courge Butternut au sarrasin, 82
Purée de courge poivrée et de pommes de terre à l'ail confit, 94
Riz à la courge Butternut et au lait de coco, 118
Rôti de palette de bœuf braisé à la courge Butternut et aux pruneaux, 144
Salade de courge Butternut, pomme et endives d'Anne Desjardins, 120
Soupe au bœuf, à la courge Pink Jumbo Banana et à l'avoine, 76
Tajine de poulet à la courge Hubbard bleue, aux olives et au citron confit, 132
Trempette de courge Butternut au sésame, 64

JACK-BE-LITTLE, 25

Biscuits à la citrouille de sœur Berthe, 166

Courges poivrées en cœur, 182
Crème glacée au potimarron et au mascarpone, 198
Crème brûlée parfumée au thé chai dans une citrouille Jack-be-little, 184
Crêpes à l'avoine et à la citrouille Small Sugar, 168
Flans croûtés à la courge Butternut et à la noix de coco, 200
Mousse tiguidou à la courge Sweet Dumpling, 192

JACK-O-LANTERN, 24

Biscuits à la citrouille de sœur Berthe, 166
Confiture à la citrouille Jack-o-lantern de ma mère, 156
Crêpes à l'avoine et à la citrouille Small Sugar, 168
Gnocchis à la courge Marina di Chioggia, 106
Miche de pain à la galeuse d'Eysines en cocotte, 172
Muffins à la courge turban d'Aladin, à l'avoine et aux épices, 176
Sauce aux prunes sans prunes (!) à la courge Lady Godiva, 160
Soupe à la citrouille de Denise Cornellier, 70
Tarte aphrodisiaque à la citrouille Small Sugar, 190
Tartinade de citrouille Jack-o-lantern caramélisée à l'érable, 186

LADY GODIVA, 18

Chutney de courge Lady Godiva et de pomme d'Alexandre Loiseau, 158
Graines de citrouille épicées, 60
Pesto de graines de citrouille à la sauge, 108
Sauce aux prunes sans prunes (!) à la courge Lady Godiva, 160
Sauce mexicaine pipián verde aux graines de citrouille, 134

MARINA DI CHIOGGIA, 33

Gnocchis à la courge Marina di Chioggia, 106
Omelettes soufflées à la courge Sucrine du Berry et au parmesan, 146
Potage à la courge Marina di Chioggia et aux pois chiches, 74
Potage de courge Butternut au sarrasin, 82
Purée de courge poivrée et de pommes de terre à l'ail confit, 94
Soupe au bœuf, à la courge Pink Jumbo Banana et à l'avoine, 76
Trempette de courge Butternut au sésame, 64

PÂTISSON, 13

Boulettes de porc et de courgettes au barbecue, 56
Courges d'été en crudités et trempette à l'avocat, 54
Farfalles aux courgettes et au saumon fumé, 122
Marinades de courgettes au cari, à l'érable et au gingembre, 148
Mini-muffins aux courgettes, à la feta et au poivron rouge, 58
Ovnis de mini-pâtissons marinés, 154
Relish multicolore aux courgettes, 152
Rondes de Nice farcies au noix et au citron, 90
Salade tiède de courgettes grillées au barbecue, 88
Soupe aux courgettes et au citron, à la grecque, 68
Tataki de boeuf sur salade de rubans de courgette, 124

PINK JUMBO BANANA, 32

Caponata à la courge Delicata, 100
Cari de porc aux pommes et à la courge Butternut, 136
Courge poivrée rôtie au four, 92
Crêpes à l'avoine et à la citrouille Small Sugar, 168
Frites de courge Hubbard bleue cuites au four, 104
Muffins à la courge turban d'Aladin, à l'avoine et aux épices, 176
Pâtés impériaux au porc et à la courge Butternut, 114
Potage à la courge Buttercup, garniture de canneberges à l'érable, 72
Potage à la courge Butternut et aux amandes, de type andalou, 80
Potage à la courge Marina di Chioggia et aux pois chiches, 74
Potage de courge Butternut au sarrasin, 82
Purée de courge poivrée et de pommes de terre à l'ail confit, 94
Riz à la courge Butternut et au lait de coco, 118
Rôti de palette de bœuf braisé à la courge Butternut et aux pruneaux, 144
Soupe au bœuf, à la courge Pink Jumbo Banana et à l'avoine, 76
Tajine de poulet à la courge Hubbard bleue, aux olives et au citron confit, 132
Trempette de courge Butternut au sésame, 64

POTIMARRON, 30

Cari de porc aux pommes et à la courge Butternut, 136
Courge poivrée rôtie au four, 92
Crème glacée au potimarron et au mascarpone, 198
Crêpes à l'avoine et à la citrouille Small Sugar, 168
Cupcakes à la courge Sweet Dumpling, 170
Flans croûtés à la courge Butternut et à la noix de coco, 200
Gâteau chiffon à la courge Butternut aux parfums d'orange, 178
Gratin dauphinois à la courge Butternut et au céleri-rave, 110
Guimauves à la citrouille Small Sugar, au gingembre et à la noix de coco, 188
Miche de pain à la galeuse d'Eysines en cocotte, 172
Mousse tiguidou à la courge Sweet Dumpling, 192
Omelettes soufflées à la courge Sucrine du Berry et au parmesan, 146
Potage à la courge Buttercup, garniture de canneberges à l'érable, 72
Potage à la courge Butternut et aux amandes, de type andalou, 80
Potage à la courge Marina di Chioggia et aux pois chiches, 74
Potage de courge Butternut au sarrasin, 82
Pouding chômeur au potimarron, 174
Rôti de palette de bœuf braisé à la courge Butternut et aux pruneaux, 144
Soupe au bœuf, à la courge Pink Jumbo Banana et à l'avoine, 76

Sourire de courge Ambercup à la Zicatela, 196
Trempette de courge Butternut au sésame, 64

RONDE DE NICE, 16

Boulettes de porc et de courgettes au barbecue, 56
Courges d'été en crudités et trempette à l'avocat, 54
Farfalles aux courgettes et au saumon fumé, 122
Marinades de courgettes au cari, à l'érable et au gingembre, 148
Mini-muffins aux courgettes, à la feta et au poivron rouge, 58
Relish multicolore aux courgettes, 152
Rondes de Nice farcies aux noix et au citron, 90
Salade tiède de courgettes grillées au barbecue, 88
Soupe aux courgettes et au citron, à la grecque, 68
Soupe froide aux courgettes, à la menthe et au kéfir, 66
Tataki de boeuf sur salade de rubans de courgette, 124

SMALL SUGAR, 22

Biscuits à la citrouille de sœur Berthe, 166
Confiture à la citrouille Jack-o-lantern de ma mère, 156
Courge poivrée rôtie au four, 92
Crème glacée au potimarron et au mascarpone, 198
Crêpes à l'avoine et à la citrouille Small Sugar, 168
Flans croûtés à la courge Butternut et à la noix de coco, 200
Gnocchis à la courge Marina di Chioggia, 106
Guimauves à la citrouille Small Sugar, au gingembre et à la noix de coco, 188
Miche de pain à la galeuse d'Eysines en cocotte, 172
Muffins à la courge turban d'Aladin, à l'avoine et aux épices, 176
Pouding chômeur au potimarron, 174
Tajine de poulet à la courge Hubbard bleue, aux olives et au citron confit, 132
Tarte aphrodisiaque à la citrouille Small Sugar, 190
Tartinade de citrouille Jack-o-lantern caramélisée à l'érable, 186

SUCRINE DU BERRY, 34

Guimauves à la citrouille Small Sugar, au gingembre et à la noix de coco, 188
Miche de pain à la galeuse d'Eysines en cocotte, 172
Muffins à la courge turban d'Aladin, à l'avoine et aux épices, 176
Omelettes soufflées à la courge Sucrine du Berry et au parmesan, 146

SWEET DUMPLING, 23

Biscuits à la courge Futtsu, 180
Courges poivrées en cœur, 182
Crème glacée au potimarron et au mascarpone, 198
Crêpes à l'avoine et à la citrouille Small Sugar, 168
Cupcakes à la courge Sweet Dumpling, 170
Flans croûtés à la courge Butternut et à la noix de coco, 200
Gâteau chiffon à la courge Butternut aux parfums d'orange, 178
Mousse tiguidou à la courge Sweet Dumpling, 192
Pouding chômeur au potimarron, 174
Sourire de courge Ambercup à la Zicatela, 196

TURBAN D'ALADIN, 31

Courges Delicata farcies à la viande et gratinées, 128
Muffins à la courge turban d'Aladin, à l'avoine et aux épices, 176
Potage à la courge Marina di Chioggia et aux pois chiches, 74
Purée de courge poivrée et de pommes de terre à l'ail confit, 94

ZUCCHINI ROMANESCO, 15

Boulettes de porc et de courgettes au barbecue, 56
Courges d'été en crudités et trempette à l'avocat, 54
Farfalles aux courgettes et au saumon fumé, 122
Marinades de courgettes au cari, à l'érable et au gingembre, 148
Mini-muffins aux courgettes, à la feta et au poivron rouge, 58
Muffins aux courgettes et aux noix, 164
Petites tours de courgettes et de tomates gratinées, 84
Relish multicolore aux courgettes, 152
Rondes de Nice farcies au noix et au citron, 90
Salade tiède de courgettes grillées au barbecue, 88
Soupe aux courgettes et au citron, à la grecque, 68
Soupe froide aux courgettes, à la menthe et au kéfir, 66
Tataki de boeuf sur salade de rubans de courgette, 124

Suivez les Éditions de l'Homme sur le Web

Consultez notre site Internet et inscrivez-vous à l'infolettre pour rester informé en tout temps de nos publications et de nos concours en ligne. Et croisez aussi vos auteurs préférés et l'équipe des Éditions de l'Homme sur nos blogues !

EDITIONS-HOMME.COM

Achevé d'imprimer en Chine en juin 2011.